« L'Histoire en mouvement »

Collection dirigée par Geneviève Lacroix

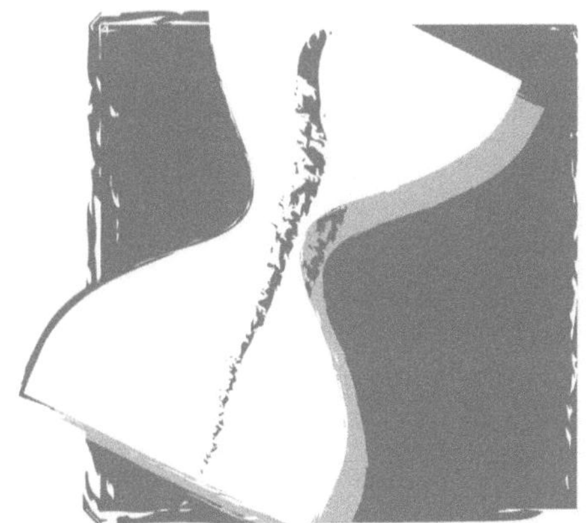

Adressez les commandes à votre libraire ou directement aux

Éditions L'Harmattan

5,7 rue de l'École Polytechnique
F - 75005 Paris
Tél : 00[33]1.40 46 79 20
Fax : 00[33]1.43 25 82 03
commande@harmattan.fr
http://www.editions-harmattan.fr

ISBN : 978-2-8066-3692-8 D/2019/9202/27

Grand'Place, 29
B-1348 Louvain-la-Neuve

---

www.eme-editions.be

Christian Thys

L'enfer de la rédemption nazie

Essai sur les carnets de Goebbels et Rosenberg

Introduction

Lors de la commémoration des 80 ans de la « Nuit de cristal » à la chambre des députés, le Président allemand Frank-Walter Steinmeier dénonça l'émergence en Europe d'un « nouveau nationalisme » nostalgique. Un peu plus tôt le Président français Emmanuel Macron s'était dit, lui aussi, frappé par une situation européenne qui présentait bien des similitudes avec celle des années 1930 et était empreinte de peurs et de replis nationalistes sur fond d'antisémitisme.

Puisque rien n'est jamais acquis et que l'Histoire se répète identique et différente, cette étude invite à parcourir de nouveau les sentiers inextricablement entrelacés de la culture et de la barbarie, soit pour tenter de les dissocier, soit pour exhumer ce qu'il reste de l'une chez l'autre et de l'autre chez l'une.

La critique philosophique engage un travail infini qui n'est pas à l'abri des intérêts du moment et qui revisite ses thèmes familiers au fur et à mesure d'essais, d'innovations, de techniques d'analyse et d'interprétations souvent concurrentes. Le philosophe qui appuie sa réflexion sur l'histoire des historiens est aussi mal lotie qu'eux-mêmes qui ne cessent de mettre en cause un horizon inaccessible qu'on appelle la vérité historique. Quelle est la vérité d'Auschwitz ? Il a fallu longtemps, en fait les années 1960, pour que ce sujet compromettant se prête à être dévoilé et débattu parce qu'il rencontrait la honte des vaincus et la douleur des survivants. Si l'historicisme conduit au relativisme intégral, l'absence de doute favorise le fanatisme qui impose une vérité et exclut toute alternative. Il faudra, en acceptant la pluralité des points de vue auxquels les faits donnent naissance, se satisfaire d'une critique finie de la finitude. Nous avons donc retenu trois témoins capitaux pour apporter notre contribution à la catastrophe idéologique qui a secoué l'Europe.

Les histoires classiques de la philosophie mettent en rapport les acteurs du champ philosophique tantôt autour de la démarche de chacun d'eux, tantôt dans leurs dialogues autour de thèmes éternels et éternellement débattus, parce que les questions posées se trouvent toujours à la limite des possibilités humaines. Si la crise du monde actuel peut se formuler dans le langage heideggérien de l'« oubli de l'être », c'est que la formule définit aussi les limites du langage philosophique de la tradition qui empêcherait de prendre conscience de la manière dont l'absence d'une nouvelle métaphysique pourrait paralyser la pensée. Dénoncer l'ancienne métaphysique et ses conséquences était l'ambition de Martin Heidegger, une tentative hors-norme et un échec retentissant jusque dans les débats actuels le concernant. C'est ce qui explique que nous revenons sur ses liens complexes avec le nazisme.

Mais le champ philosophique ne peut fonder lui-même son autonomie quand le dynamisme de la parole et la protection d'intérêts particuliers le font éclater par les débats, par les commentaires, par les transpositions didactiques et par nombre d'impensés. La philosophie n'arrête pas de créer des chapelles, des partisans et des opposants, bref se dissémine et doit le faire pour échapper à la tentation de clore la pensée et donc d'accéder à l'illusion d'atemporalité, de « mot de la fin », qui est à l'horizon de toute entreprise d'interrogation des fondements. C'est ici qu'intervient le nazisme, fondamentalisme antihumaniste, qui a eu l'ambition de clore la vie de la pensée pour assurer une maîtrise définitive sur les hommes et sur les événements en faisant appel aux instincts fondamentaux et en réanimant un Léviathan. Or le Léviathan, comme le décrit merveilleusement Alain[1], « fait courir ses mille pattes ; il

[1] Alain (Émile-Auguste Chartier (1868-1951)), *Essais sur l'État* de 1933, publié dans *Propos sur les pouvoirs : éléments d'éthique politique*, Paris, Gallimard, 1985. Accessible sur https://www.panarchy.org/alain/leviathan.html, p. 1.

avance en colonne serrée. Ceux qui le composent n'en sont point maîtres ; au contraire ils reçoivent avec enthousiasme les signes de ce grand corps, et s'accordent à ses mouvements. Honte si l'on ne les devine ; honte si l'on commence à les rompre. Ainsi Léviathan se resserre et se durcit. Ceux qui le regardent passer voudraient être écailles ou griffes de ce monstre. Objet de l'amour le plus puissant peut-être, le plus naturel, le plus facile. Le plus grossier est sublime alors. Comment n'aimerait-on pas ce qui rend courageux, imperturbable, infatigable ? Mais étrange objet d'amour. Car ce grand corps ne sait rien, ne voit rien, et se croit lui-même, comme les fous. Nulle pensée ici que l'erreur adorée, la passion adorée, la violence adorée. Voici le même corps en assemblée, et s'exerçant à penser. La dispute y fait deux ou trois monstres, et chacun pense contre les autres. Nul ne résiste à ces répulsions et attractions. D'où une pensée convulsive, sans preuve, sans examen, et qui se connaît elle-même par la vocifération. Qui s'y laisse emporter admire après cela d'être assuré de tant de choses, et ami d'hommes dont il ne sait rien, mais ami à se faire tuer pour eux. »

Les thuriféraires du Léviathan, Alfred Rosenberg et Joseph Goebbels, mettent au défi les historiens : l'Allemagne est victime d'un complot universel qui justifie une mobilisation totale pour une victoire décisive. Le sacrifice de la jeunesse allemande dans cet affrontement avec les forces du mal justifie une mise à mort impitoyable de l'Ennemi intérieur et extérieur. Dogme simple et absolu. Néanmoins, face à l'hydre, il en existe qui, philosophes ou non, Franz Neumann, Emmanuel Levinas, Karl Jaspers, Hannah Arendt, Georges Politzer, Pierre Grosclaude, Jean Cavaillès, et surtout ces humbles résistants de la Rose Blanche avec leur professeur kantien si peu connu, Kurt Huber, donnent une leçon de philosophie existentielle aux idéologues et aux philosophes passéistes. Ils montrent que l'éthique qui se paie au prix du sacrifice de vies ne se situe pas nécessairement là où l'Université la situe en théorie. Cette forme de résistance des Justes, penseurs juifs, catholiques, protestants ou athées, est digne de mémoire puisqu'ils ont, sans hésitation, suivi leur « simple sens de l'humanité », au moment où l'humanisme du sens commun vacillait sous les assauts de la volonté de puissance.

Questions méthodologiques

Exposant l'idéologie dans le cadre abstrait d'une forme de texte persuasif, P. Ricœur en a retiré les principales fonctionnalités pour nuancer la définition trop simple de « représentation fausse[2] » :

> De la même manière, l'idéologie argumente ; elle est mue par la volonté de démontrer que le groupe qui la professe a raison d'être ce qu'il est. Mais il ne faut pas trop vite en tirer argument contre l'idéologie : son rôle médiateur reste irremplaçable ; il s'exprime par ceci que l'idéologie est toujours plus qu'un reflet, dans la mesure où il est aussi justification et projet.

Pour leurs effets négatifs, les fonctions de l'idéologie s'appliquent entièrement à l'hitlérisme et quand l'idéologie devient facteur d'identité et d'unicité aux dépens d'autrui, il n'y a aucun doute, la philosophie se rétracte. Il s'agira donc, en exploitant l'édition de trois carnets d'auteurs engagés à des degrés divers, de montrer comment une tradition philosophique de qualité est détournée et absorbée par une idéologie mortifère. L'éclipse de la philosophie se paie par un retour de la pire mythologie qui soit, quand cette philosophie, minée par le ressentiment, devient militantisme aveugle. Le militant nazi Rosenberg réduira la philosophie à un acte de foi. Il était pour un temps fois un intellectuel hésitant qui crut se donner de l'assurance dans l'adulation d'un Guide.

Trois *Carnets*, trois visions personnelles du nazisme

Les journaux d'Alfred Rosenberg et de Joseph Goebbels nous intéressent donc dans la mesure où ils témoignent des assimilations, détournements, simplifications que subit une tradition philosophique prestigieuse, déjà déchirée par des tiraillements entre nationalisme et internationalisme et, confrontée à une crise de la culture, de l'économie et de la science qui finalement aura raison

2 P. Ricœur, *Du texte à l'action, Essais d'herméneutique II,* Paris, Seuil, p. 306.

pour un temps des droits fondamentaux de l'homme et des scrupules personnels. Les instincts primitifs seront soutenus par une pensée *völkisch*[3], romantique et particulariste, mais représentative d'une opinion publique qui ne sait plus à quel projet politique se rallier. Tout est alors permis pour sortir de la crise : fausser ce passé par un dualisme simpliste pour A. Rosenberg, cet émigré de l'Est, un des premiers compagnons inconditionnels d'Hitler lors du Putsch dit « de la Brasserie » du 8 novembre 1923, directeur du *Völkischer Beobachter* ; en faire une arme de propagande efficace pour J. Goebbels, futur ministre de la propagande ; naviguer dans l'entre-deux pour M. Heidegger, le philosophe le plus charismatique. Rosenberg et Goebbels sont bien des criminels par conviction. Ils témoignent d'une foi profonde en un homme providentiel qui leur permet de balayer leurs conflits intérieurs. Ils appartenaient à la classe moyenne, d'origine chrétienne, et étaient de grands lecteurs de la littérature politique de droite et de gauche.

Le *Journal* d'Alfred Rosenberg

Chacun de ces *Carnet*s a aussi son histoire complexe qui va d'extraits fragmentaires sauvés des ruines, mais déjà connus des historiens… à l'édition intégrale. Le *Journal* de Rosenberg se clôt sur une dernière chance : la question de l'incorporation de l'armée Vlassov antisoviétique dans la Wehrmacht le 12 novembre 1944. Berlin était sous les bombes et Rosenberg contraint de prendre la fuite.

Les historiens ne croyaient plus avoir la chance de récupérer un document dont l'intérêt est évident pour éclairer les coulisses du Reich. C'est à sa redécouverte que se sont consacrés récemment en 2016 Robert K. Wittmann et David Kinney. Le 5 avril 2016, après une véritable saga digne d'un roman policier de Dan Brown,

3 L'expression provient de l'historien George L. Mosse et désigne l'esprit traditionnel du peuple quand il s'invente une apogée dans la société médiévale. Le *Volk* désigne une communauté nationale entre égaux. Le nazisme se prétend issu de cette racine, mais ne supporte pas qu'elle soit souillée par un sang étranger. Cf. G. L. Mosse, *Les racines intellectuelles du Troisième Reich*, Paris, Armand Colin, 2003 ; Points H389.

R.K. Wittman, un ancien du FBI, retrouve le *Journal* et le confie au Mémorial de l'Holocauste à Washington. Passé au second plan en raison de la Guerre froide, le *Journal* était en fait entre les mains d'un des procureurs de Nuremberg du nom de Robert Kempner (1899-1993), juriste allemand réfugié aux États-Unis avant les rafles et choisi par l'administration judiciaire pour juger les criminels nazis lors du onzième procès dit « procès des Ministères » (1947-1949). R. Kempfer se révèle partiellement responsable de la disparition des documents, puis de leur conservation à son profit, au prétexte qu'il devait s'en emparer et les protéger d'une situation chaotique. Il voulait sans doute qu'ils échappent au remue-ménage qui a suivi les tensions entre les alliés et les Russes aussi curieux d'originaux nazis.

Après le décès du magistrat, ces dossiers ont transité chez les secrétaires du magistrat et ont été peu à peu oubliés. Par la même occasion, les enquêteurs nous invitent à revisiter les écrits idéologiques et les croyances de fond qui ont fait de Rosenberg l'idéologue du nazisme et ont contribué à expliquer la radicalité du judéocide[4]. Leur publication est assortie d'une puissante bibliographie allemande qui comporte des contributions majeures pour la compréhension du rôle de Rosenberg, tels les ouvrages de Ernst Piper[5] et de Fritz Nova[6].

L'impression que laissent subsister les *Carnets* de Rosenberg, c'est en définitive que leur auteur reste un fonctionnaire très impatient de régler prioritairement l'éradication, non seulement du judaïsme, mais également du christianisme. Les *Carnets* sont écrits à la gloire de celui qui se préoccupe de nouer des relations intéressantes avec des groupements fascistes étrangers, d'être préoccupé de la conversion de l'Europe au nazisme et de se consacrer à la préparation de ses conférences aux hommes de la *Wehrmacht*. Ces témoignages sont donc intéressants pour l'histoire diplomatique. Rosenberg s'est tenu à distance de la cruelle réalité des purifications ethniques d'Heinrich Himmler et de Reinhard Heydrich,

4 R. K. Wittman et D. Kinney, *Le journal du diable*, Paris, Michel Lafon ; Pocket 2016, n° 16890.

5 E. Piper, A. Rosenberg, *Hitlers Chefideologe*, Munich, Karl Blessing Verlag, 2005.

6 F. Nova, A. Rosenberg, *Philosopher of the Third Reich*, New York, Hippocrene, 1986.

mais uniquement par crainte des réactions internationales qui pourraient ternir le nazisme, et non par compassion pour les victimes. Il était tenu au courant de ce qui se passait à l'Est grâce aux rapports de ses fonctionnaires qui, écœurés de la tuerie, entraient en désaccord avec la *SS*. Rosenberg trouvait finalement les excès de cruauté inutiles et improductifs. Pour la guerre idéologique avec le christianisme, effacer les confessions chrétiennes est, dit-il, la grande confrontation de sa vie, puisqu'il s'agit de dépasser deux mille ans d'histoire européenne. Il sera donc plus prolixe sur sa stratégie d'éradication du rôle des Églises que sur celle de l'élimination des Juifs qui, elle, impose le secret.

Par précaution, l'acolyte de Hitler pratique l'autocensure. Ainsi pour la deuxième partie de 1941, année terrible des exécutions de masse, un simple paragraphe du *Journal* nous le prouve[7] :

> Au cours de ces mois (décembre 1941, NDLR), il ne m'a pas été possible de tenir un journal précis, aussi nécessaire que la chose eût été pour moi-même. Et pour le jugement que l'on portait sur la future politique à l'Est, je n'ai que les comptes rendus de mes entretiens avec le Führer et les notes que je lui ai envoyées. Et puis les instructions à Lohse et Koch.

Le « jugement » dont il s'agit dans cet extrait fait allusion à une postérité qu'il juge victorieuse. Quant à ses subordonnés Heinrich Lohse et Erich Koch, ils prirent des mesures qui, soi-disant préservaient la vie des Juifs arrêtés, mais pour en faire des travailleurs forcés. Ces mesures parurent insuffisantes aux *Einsatzgruppe* qui avaient déjà procédé aux exécutions[8]. Le lecteur n'en est pas dupe : Rosenberg se décharge sur ses subordonnés et ceux-ci maquillent leur « épuration ».

7 A. Rosenberg, *Journal*, édition de J. Matthaus et F. Bajohr, Paris, Flammarion, 2015, p. 433.

8 Pour une bibliographie étendue et des chiffres précis des tueries de masse, chiffres obtenus grâce à la précision des fonctionnaires de Rosenberg et des *Einsatzgruppen* en activité en Ukraine, en Hongrie, en Lituanie, en Biélorussie, en Estonie et en URSS, Cf. R.K. Wittman et D. Kinney, *op. cit.*, p. 610. Cf. Aussi C. R. Browning, *Des hommes ordinaires*, (1992, 1998,), Paris Tallandier, 2007. Trad. fr. par P. Vidal-Naquet.

C'est à l'annonce que Moscou déplaçait six cent mille Allemands vivant sur les rives de la Volga pour les envoyer en Sibérie que Rosenberg conseilla à Hitler de riposter en s'en prenant à tous les Juifs de l'Europe centrale, Allemagne, Autriche et Tchécoslovaquie et en les amenant dans des camps où l'on séparerait ceux qui sont aptes au travail des autres. C'est alors qu'un des conseillers de Rosenberg rappela la possibilité de construire un « appareil gazant ».

Les relations avec Erich Koch, surnommé « Le Boucher », étaient difficiles, car ce dernier n'hésitait pas à agir sur les Ukrainiens en suivant son instinct de tyran. Ce glissement du travail forcé à la chambre à gaz ne figure pas dans le *Journal* qui se contente de signaler que l'auteur prétend avoir eu la précaution de prévenir la Russie, l'Angleterre et les États-Unis qu'il y aurait des représailles sur les Juifs. Il s'interrogeait encore sur les moyens de les expulser. En revanche, la détermination du gouverneur du Reich pour une chasse aux Juifs est manifeste dans son discours du 7 février 1939 quand il affirme : « La question juive ne sera résolue que lorsque le dernier Juif aura quitté le territoire du Reich allemand. » La conférence de Francfort de mars 1941 reprend le problème pour le résoudre une fois pour toutes et de manière universelle, car il apparaît que les lois de Nuremberg se révèlent encore insuffisantes pour atteindre les objectifs. Plusieurs autres solutions sont évoquées par l'équipe formée de Rosenberg, Walter Grau, Peter-Heinz Seraphim[9] qui hésitent devant les difficultés et le coût du déplacement des populations juives vers l'Est. À l'époque, l'invasion de l'URSS n'est qu'une éventualité. Reste la solution de construire des ghettos qui présente le désavantage d'organiser un système de surveillance coûteux en hommes.

[9] Ces deux fonctionnaires appartenaient à *l'Institut pour la recherche sur la question juive.*

Les *Cahiers noirs* de Martin Heidegger

Les Cahiers noirs de M. Heidegger témoignent, eux, d'un malaise, peut-être d'un épuisement de la pensée philosophique qui ne sait plus répondre adéquatement à la domination croissante de l'édifice technoscientifique et qui cherche un « ailleurs ». Issu de la philosophie chrétienne, le philosophe M. Heidegger (1889-1976), à quarante ans, assure son autorité en 1929, lors de la confrontation devenue célèbre avec le grand représentant de l'humanisme, Ernst Cassirer (1874-1945), Recteur de l'université de Hambourg. La notoriété des deux intervenants était telle que la presse internationale était présente. Le public comprit que les positions de Heidegger annonçaient un tournant qui annonçait une réflexion sur les données immédiates de l'existence.

Les *Cahiers noirs,* dont la publication commence en 2014 et qui recouvrent la période de 1931 à 1975, n'ont pas encore révélé tous leurs secrets et susciteront encore des polémiques sur la question de la profondeur et de l'amplitude de l'engagement nazi de leur auteur. Grâce aux *Carnets,* on constate que le nazisme vulgaire ne trouve aucune sympathie chez le penseur. L'édition complète des œuvres de Heidegger est en cours de publication chez Vittorio Klostermann (Francfort) sous le titre *Gesamtausgabe.* Pour un des derniers épisodes de la publication des *Carnets,* Peter Trawney, le responsable de l'édition qui accuse Heidegger d'antisémitisme, est attaqué pour son incompétence par le dernier assistant personnel de Heidegger, Friedrich-Wilhelm von Herrmann, qui, en collaboration avec Francesco Alfieri, fixe de manière pointue le lexique heideggérien. P. Trawney et les anti-heideggériens n'y auraient, selon eux, rien compris.

Pour nous, il s'avère que l'obscurité de Heidegger est voulue tant par le statut d'originalité qu'il veut donner à sa pensée que pour des raisons tactiques vis-à-vis du pouvoir en place avec lequel il n'est pas en parfait accord. Heidegger a toujours considéré que la mise en place de concepts nouveaux devait nécessairement sous-tendre un nouvel effort de pensée.

Pour les penseurs allemands de l'après-guerre, l'antisémitisme de Heidegger était chose entendue et donnait droit à sortir de son influence. De toute façon, et même en dehors de la question de l'importance philosophique du penseur allemand, il est à remarquer qu'Heidegger eut des goûts pour le nationalisme et maintint des relations suspectes : une admiration pour l'aspect physique de Hitler, une amitié sans faille avec Karl Brandt, un eugéniste de la pire espèce, une amitié encore avec Carl Schmitt, un spécialiste du non-droit… sans compter des réactions pour le moins timides aux éliminations de ses étudiants juifs lorsqu'ils furent contraints à l'exil. Comme le christianisme, le judaïsme appartient à l'histoire de la vérité, mais il a le tort de vouloir la clore. L'antisémitisme de Heidegger n'a rien à voir avec l'histoire de la lutte des races de Rosenberg ou de Goebbels.

La parution des *Cahiers noirs* de Martin Heidegger[10], parce que diffusée par la presse courante, a constitué un événement dont la portée a largement dépassé le cercle des philosophes professionnels. Cette parution représente un témoignage de première importance pour rendre compte des conflits idéologiques et de la mise en cause de l'humanisme qui ont hanté des hommes dans la tourmente au lendemain d'une défaite qu'ils acceptèrent difficilement.

Associer M. Heidegger à des idéologues est certes trop dévalorisant eu égard à l'héritage intellectuel qu'il laisse derrière lui et qui est appelé à influencer nombre de philosophes. Il a toujours contesté toute idéologie et n'appréciait guère la philosophie du national-socialisme qui à ses yeux ne méritait pas le nom de philosophie, mais il ne l'a jamais attaquée de front. Il ne fait plus de doute aujourd'hui que quelques chapitres de sa démarche philosophique restent en dépendance d'une « vision du monde », terme qu'il eut en horreur, qui reste marquée par une constante germanophilie tirée de ses origines familiales et de la pensée *völkisch*. Il donne même l'impression de très peu connaître les pays avoisinants. Pour beaucoup, sa pensée élaborerait une sorte de nazisme stylisé, très intellectualisé et sophistiqué, dont la cruauté s'avancerait masquée, dissimulée derrière une autorité acquise par des lectures originales

[10] Trois volumes *des Carnets,* édités par P. Trawny, ont été publiés en 2014, formant les tomes 94, 95 et 96 de l'édition complète, *(Gesamtausgabe)*. F. Fédier a entrepris pour Gallimard la traduction des Cahiers de 1931 à 1938 et de 1938 à 1939 parus en 2018 sous le titre de *Réflexions II-VI* et de *Réflexions VII-XI*.

et par une méditation originale sur les rapports entre l'homme et le temps. Heidegger se pose en métaphysicien, ce qui lui donne de la hauteur et, pour lui, le droit de juger l'époque.

La thèse d'une dette *völkisch* a soulevé chez les heideggériens une forte indignation pour son caractère réducteur, mais, alors que l'édification de l'œuvre philosophique aurait pu se poursuivre à l'abri des cénacles universitaires et donc éventuellement à l'abri des événements tragiques qui allaient changer la face de l'Europe, force est de constater que la fidélité à un certain nazisme est accréditée par les aveux de Heidegger que l'on lit dans les écrits personnels tirés de l'ombre. Il s'avèrerait alors que les essais du philosophe seraient parcourus par un projet politique plus dangereux qu'il n'y paraît et que dissimulerait le souci philosophique constant de refonder la métaphysique occidentale. Sur ce point, un débat de plus de soixante ans reste ouvert. C'est dans les années 1934 que l'on trouve encore des traces d'un philosophe à l'écoute du dieu des peuples.

Quoi qu'il en soit de ces intéressantes discussions d'érudits et des interprétations du lexique heideggérien, l'on peut affirmer avec certitude qu'Heidegger n'a jamais eu en vue une restauration de la démocratie qu'aurait pu rappeler la honnie République de Weimar et n'a jamais contesté la version constamment réitérée d'historiens partiaux qui soutenaient que l'Allemagne n'a toujours été qu'un pays assailli pris dans un étau et que la grande qualité de l'esprit allemand a toujours été menacée par ses voisins. L'emprise de l'homme moderne sur le monde par l'universalité d'un univers voué à la technique l'autorise à renvoyer dos à dos marxisme, capitalisme, christianisme et nationalisme. Dans *Remarques V*, §48-§ 49, il s'indigne contre les intellectuels qui « capitulent en bloc face à la démocratie et au christianisme politique ».

Le *Journal* de Joseph Goebbels

Pour aborder Goebbels, nous nous appuyons aussi sur la monumentale biographie de Peter Longerich. Rosenberg et Goebbels sont des agents essentiels de la mise en place d'une nouvelle philosophie de l'histoire centrée sur une forme de rédemption, l'un pour ses synthèses du racisme et de l'ethnocentrisme ambiants, l'autre pour la diffusion de celui-ci. Nous voulons mettre en lumière l'importance du caractère idéologique de l'expansion du nazisme et sa force de pénétration dans tous les domaines du savoir philosophique, scientifique, médical…

On peut dire la même chose pour le *Journal* du grand rival de Rosenberg, J. Goebbels. Après la découverte dans les archives moscovites de l'intégralité du *Journal* de Goebbels, une équipe de *l'Institut für Zeitgeschichte* en entreprend, de 1993 à 2005, l'édition scientifique qui comporte vingt-neuf volumes, soit quarante-trois mille pages écrites quotidiennement. L'histoire de ces documents est complexe. Elke Fröhlich en 1992 fait la découverte de microfiches sur plaques de verre éditées de 1933 à 1945 par les soins du ministre de la Propagande. Ces documents avaient été emportés par les troupes soviétiques et livrés aux services de documentation du KGB. Cet organisme en a revendu secrètement des extraits en République fédérale d'Allemagne qui sont conservés actuellement aux Archives fédérales de Berlin.

Les éditions Tallandier[11] ont confié la traduction des textes à Pierre Ayçoberry et à Barbara Lambauer, et ont proposé une édition résumée en 2007. Celle-ci couvre les périodes de 1923 à 1941 et de 1941 à 1945.

Excepté la question de l'élimination des Juifs, les intérêts de Goebbels sont différents de ceux de Rosenberg. En tant que ministre de la Propagande, il met sur pied une guerre de communiqués plus ou moins faussés, dirigés contre l'Angleterre et à destination de toute l'Europe. Il censure sévèrement la vie culturelle en exerçant un contrôle direct sur le théâtre et sur le cinéma dont il devine la puissance des images. Avec son *Journal*, le lecteur est davantage en contact avec l'euphorie qu'il manifeste à chaque victoire allemande. Goebbels adopte le rôle de celui qui veut transcender les religions traditionnelles, redonner du souffle au Reich et justifier les réactions agressives et expansionnistes d'une Allemagne qui se prétend elle-même agressée.

[11] J. Goebbels, *Journal*, Paris, Tallandier, 2009.

Les deux idéologues seront situés dans le champ intellectuel de l'époque en comparant leurs convictions avec celles d'autres penseurs qui les ont inspirés : Johann Gottfried von Herder (1744-1803), Arthur Schopenhauer (1788-1860), Friedrich Nietzsche (1844-1900), Oswald Spengler (1880-1936), Julius Evola (1898-1974), auxquels les fascismes européens, y compris bien entendu français, ont fait référence. À ces noms de penseurs s'ajoute un corps de médecins eugénistes français et allemands qui ont servi de références et de justifications à une purification ethnique.

Seront passés en revue les contemporains de Rosenberg et de Goebbels, dont Martin Heidegger (1889-1976), son interprétation de la tradition hellénique éloignée de toute pensée d'origine idéologique, mais contestée par les historiens et par les philologues.

Dans la montée des fascismes européens, cet essai établit la correspondance avec les tendances fascisantes françaises qui ont été exaltées par le régime de Vichy. Et s'achève par une comparaison entre les deux prophètes de la rédemption, Rosenberg et Goebbels, et par une étude du pouvoir de pénétration du nazisme.

Chapitre 1

Un mythe redoutable en guise de réponse à une crise économique et à une crise morale

La jeune philosophe Simone Weil[12], lorsqu'elle débarque en Allemagne en juillet 1932, dresse un tableau saisissant de la manière dont les Allemands, toutes classes confondues, vivent la précarité[13].

> On voit, en Allemagne, d'anciens ingénieurs qui arrivent à prendre un repas froid par jour en louant des chaises dans les jardins publics ; on voit des vieillards en faux-col et en chapeau melon tendre la main à la sortie des métros ou chanter d'une voix cassée par les rues. Des étudiants quittent leurs études, et vendent dans la rue des cacahuètes, des allumettes, des lacets ; leurs camarades jusqu'ici plus heureux, mais qui n'ont pour la plupart aucune chance d'obtenir une situation à la fin de leurs études, savent qu'ils peuvent d'un jour à l'autre, en venir là. Les paysans sont ruinés par les bas prix et les impôts. Les ouvriers des entreprises reçoivent un salaire précaire et misérablement réduit ; chacun s'attend à être un jour ou l'autre rejeté à cette oisiveté forcée qui est le lot de près de la moitié de la classe ouvrière allemande ; ou, pour mieux dire, à l'agitation harassante et dégradante qui

[12] S. Weil (1909-1943) est une philosophe juive, élève d'Alain, qui tire ses réflexions sur l'aliénation de l'homme moderne d'un engagement dans la Guerre d'Espagne et d'un travail en usine. Elle s'enfuit en Grande-Bretagne où elle décède.

[13] S. Weil, Écrits sur l'Allemagne, 1932-1933, Paris, Rivages, coll. « Poche », 2015, p. 32.

consiste à courir d'une administration à l'autre pour faire pointer sa carte et obtenir des secours. [...] L'ouvrier, le petit-bourgeois allemand, n'a pas un coin de sa vie privée, surtout s'il est jeune, où il ne soit touché ou menacé par les conséquences économiques et politiques de la crise. Les jeunes, pour qui la crise est l'état normal, le seul qu'ils aient connu, ne peuvent même pas y échapper dans leurs rêves. Ils sont privés de tout dans le présent, et ils n'ont pas d'avenir.

Cette crise est un terreau idéal pour une révolution qui s'avèrera conservatrice et qui associe une mythologie archaïque à une rationalité instrumentale et bureaucratique. Tous les historiens en conviennent : cette situation économique joue un rôle déterminant dans la conversion au nazisme et atteint les travailleurs et les intellectuels. Non moins déterminants sont le scepticisme et le découragement qui frappent les populations victimes dans la perte de leurs proches, du désastre militaire et de l'effondrement d'un régime impérial. Or la jeune démocratie de Weimar s'insère dans une continuité autoritaire qui déteste le débat politique et ses atermoiements. Un sentiment de décadence, dont Nietzsche est le témoin dès 1874, trouve à se renforcer en raison des difficultés que la jeune république rencontre et qu'elle ne peut tenter de surmonter qu'avec l'appui de la tradition prussienne[14] :

> Les eaux de la religion sont en baisse et laissent derrière elles des marécages ou des étangs ; les nations s'opposent de nouveau dans de vives hostilités et cherchent à se déchirer. Les sciences, cultivées sans mesure et avec le plus aveugle laisser-faire, émiettent et dissolvent tout ce qui était l'objet d'une ferme croyance ; les classes cultivées et les États civilisés sont balayés par un courant d'affaires magnifiquement dédaigneux. Jamais le siècle ne fut plus séculier, plus pauvre d'amour et de bonté. Les milieux intellectuels ne sont plus que des phares ou des refuges

[14] F. Nietzsche, *Der Wille zur Macht*, (*La Volonté de puissance)*, A. Kröner verlag, 1964, § 80, p. 61. On trouvera un commentaire intéressant d'un livre qui semble-t-il n'appartient pas exclusivement à l'auteur sous la plume de Erich Blondel, *La volonté de puissance,* accessible en pdf. : http://www.philopsis.fr/IMG/pdf_nietzsche_blondel_volonte.puissance.pdf
Le désenchantement de Nietzsche est encore partagé par F. Kafka (1883-1924) et par R. Musil (1880-1942).

au milieu de ce tourbillon d'ambitions concrètes. De jour en jour ils deviennent eux-mêmes plus instables, plus vides de pensée et d'amour. Tout est au service de la barbarie approchante, tout y compris l'art et la science de ce temps. L'homme cultivé est devenu par dégénérescence le pire ennemi de la culture, car il imagine des mensonges pour nier la maladie générale, et il gêne les médecins. Ils s'aigrissent, les pauvres hères débiles, quand on parle de leur faiblesse et qu'on résiste à leur néfaste esprit de mensonge. »

Cette réaction négative à la modernité sera partagée par la Révolution conservatrice allemande autant que par la droite fascisante française.

Mais ce que Nietzsche rejette est tel – démocratie, libéralisme, socialisme – que la seule issue possible à cette décadence du politique ne peut se trouver que dans une dictature rédemptrice. Toute solution venant de la gauche serait considérée par Nietzsche comme « vulgaire ». C'est à cette conclusion qu'aboutit Pierre-André Taguieff qui s'est longtemps penché sur l'origine de la violence nazie dans ses rapports avec celle du discours nietzschéen[15] :

> Après la démystification dévastatrice opérée par la pensée de Nietzsche, dès lors qu'on le suit dans ses conséquences ultimes sur le terrain politique, aucun espoir ne s'offre plus, qui s'accomplirait dans les limites de la démocratie moderne. Il ne reste plus, après elle, que l'appel exalté au « coup de force », et le rêve d'une dictature rédemptrice. C'est cette terrible conclusion logique que des générations d'esthètes nietzschéisants et d'exégètes pieux se sont efforcées de ne pas voir, et de cacher ou de masquer.

Manès Sperber, autrichien communiste et professeur de psychologie apporte un témoignage qui en dit long sur la profondeur de l'adhésion des étudiants à la révolution conservatrice[16] :

> J'ai dû interrompre mon cours à Berlin. Devant moi, j'avais eu auparavant un nombre toujours croissant de jeunes gens qui, dès que je commençais à faire mon cours, fermaient leurs cahiers,

[15] P.-A. Taguieff, *Pourquoi nous ne sommes pas nietzschéens,* Paris, Biblio. Essais, 1991, p. 275.

[16] Cité dans L. Poliakov, *Histoire de l'antisémitisme, t.3,* Paris, Calmann-Lévy, 1968, p. 377.

leurs livres, croisaient les bras : il s'agissait d'une démonstration. (...) De plus en plus, en regardant ces jeunes visages, sentant dans ces jeunes gens un grand élan vers quelque chose qu'ils considéraient comme noble et bon, je me demandais avec une urgence poignante ce que je pouvais faire pour les arracher à ce néant meurtrier dans lequel ils s'engageaient.

Cet aveu, désabusé, témoigne de l'impuissance d'une pensée critique devant l'obstination d'une jeunesse envoutée par l'idée d'une rédemption, unique issue qui puisse à ses yeux lui rendre dignité et avenir.

Il est clair qu'aux yeux de ses étudiants, le professeur Manès Sperber incarnait désormais « le communiste », donc l'ennemi total. Preuve est faite que ces étudiants avaient déjà adhéré à un nouveau cadre moral qui leur permettait de se donner bonne conscience pour préparer le jour d'un éventuel engagement guerrier. Et nous verrons que la majorité de leurs mentors en droit, en philosophie et en médecine adopteront cette nouvelle échelle de valeurs sans trop d'opposition et de mauvaise conscience.

Quant à Rosenberg, il manifeste ses sentiments antisémites dans la presse et se livre ensuite à son *opus magnum, Le Mythe du XX*[e] *siècle,* une somme faussement historique des guerres de races qui, à l'entendre, constituent l'âme de l'humanité ou le ressort ultime de l'Histoire. Il situe donc sa philosophie de l'histoire sous un principe à la fois biologique et spirituel.

Le jeune Rosenberg acquiert rapidement la conviction que son protestantisme familial dissimule en fait une obéissance aveugle à des convictions sans fondements historiques ou au départ de sources peu sûres, mais réaffirmées à travers les siècles par le judéo-christianisme. Sa fuite de l'Estonie, sa patrie d'origine, lui laisse le mauvais souvenir de l'invasion de l'Armée rouge et les lectures philosophiques le persuadent de l'alliance effective entre judaïsme et marxisme dont les révolutionnaires de la première génération sont effectivement nombreux.

Dès son arrivée en Allemagne, ses convictions antisémites sont très affirmées et sa radicalisation le fait remarquer par le directeur du magazine *Auf gut Deutsch*[17] *(En bon allemand)* auquel il est rapidement invité à collaborer. Or ce magazine, comme beaucoup de l'après-guerre, dénonce le traité de Versailles et prend pour cibles les sociaux-démocrates et les Juifs, qu'il rend responsables de la défaite allemande. Dietrich Eckart, son directeur, joue un rôle important dans la diffusion des idées pré-nazies en fondant avec Gottfried Feder et Anton Drexler le DAP, Parti Ouvrier Allemand, qui deviendra plus tard le NSDAP. Grâce à ses solides convictions nationalistes, Rosenberg devient le rédacteur en chef du *Münchener Beobachter*, futur journal officiel du Parti qui paraîtra cette fois sous le titre de *Völkischer Beobachter (L'Observateur populaire.)*

D. Eckart décède en 1923, tandis que son essai *Le Bolchevisme de Moïse à Lén*ine paraît à titre posthume en 1925. Ne serait-ce que par son titre, ce pamphlet renforce l'opinion depuis longtemps répandue dans toute l'Europe d'un complot international traversant les siècles. Mais ce sont ses actions de militant qui favorisent la rencontre avec le chef du NSDAP. En effet, Eckart a été compagnon du Putsch de la brasserie et de l'emprisonnement d'Hitler à Landsberg. Grâce à ses relations avec Hitler, Rosenberg cherche à devenir la référence idéologique première du nazisme, idéologie qui devrait à ses yeux remplacer les religions jugées décadentes. Il est prêt à en découdre avec la tradition judéo-chrétienne, car il est assuré qu'éliminer les croyances religieuses est toucher au plus intime de l'âme d'une nation. Mener de manière implacable une purification idéologique dépassant même les limites de l'Allemagne devient pour lui et pour tout intellectuel allemand qui se respecte la tâche prioritaire. Cet impératif deviendra catégorique quand, en 1934, Goering exprimera ses propres convictions sur l'infaillibilité du Führer[18] :

> De même que les catholiques considèrent le pape comme infaillible dans toutes les questions de religion et de morale, de même nous croyons avec la même conviction profonde que le Führer est infaillible dans toutes les matières qui concernent les intérêts nationaux et sociaux du peuple.

[17] Hebdomadaire antisémite paru en 1918.

[18] H. Goering, *Morning Post*, 31 janvier 1934, cité par D. Guérin, *Fascisme et grand capital*, Paris, Libertalia, 2014, p. 129.

En 1920, Rosenberg publie *La Piste des Juifs à travers les âges*[19], essai où il appuie les thèses d'Eckart et renforce à gros traits les caricatures du commerçant fourbe, conspirateur, déraciné, rapace…, pour finir par adopter les inepties des *Protocoles des Sages de Sion*[20] dont la véracité est pourtant mise en cause dès 1921, constat contradictoire qui le laisse tout à fait indifférent. La quintessence de son antisémitisme s'y retrouve de même que les premières mesures à prendre contre l'enjuivement. Rosenberg met en évidence la haine juive pour l'humanité. À l'antipode de la judéité se lève la nation allemande, ce qui explique que la pensée juive allemande est l'ennemie jurée. En Russie aussi la haine juive triomphe, alors que sa cible aurait dû se limiter au tsarisme. Il en conclut à l'urgence de prendre conscience de l'enjuivement et de prendre des mesures pour chasser les Juifs des institutions et des postes dirigeants. Du moins, dans un premier temps.

Jésus, rédempteur aryen

Pour son combat anticommuniste et antisémite, et pour ses services rendus au parti, Hitler adoube Rosenberg du titre de « penseur ». Alors que le Führer du NSDAP est arrêté à Munich après le coup d'État manqué des 8 et 9 novembre 1923, Rosenberg se voit momentanément confier la présidence du parti. Mais le dauphin d'Hitler parvient difficilement à se hausser au-dessus des factions et des rivalités qui traversent le groupement.

Sorti de prison en 1924, Hitler reprend les rênes du pouvoir, non sans ménager son partisan dont la position est fortement affaiblie et qui s'est fait une réputation de bavard abstrait et parfois ésotérique, selon les propos de son rival Goebbels. Il est vrai que pour

[19] A. Rosenberg, *Die Spur des Juden im Wandelder Zeiten* (*La trace des juifs dans la suite des temps*). Munich, Eher, 1920. *Zentralverlag* der NSDAP, 1943.

[20] Ce document, qui s'est révélé être un faux, vise à inviter le Tsar à poursuivre les Juifs, est publié par S. Nilius (1862-1929) en 1905, est bien connu d'Hitler qui le mentionne dans *Mein Kampf* à la p. 160 de la traduction française, accessible sur https://fr.calameo.com/read/000011619fbcaf52cb484.
Il s'agit de dénoncer un complot juif mondial qui viserait la prise de pouvoir de cette race sur le monde.

garantir son succès politique auprès des masses, le parti a davantage besoin d'un programme clair à l'instar de celui de *Mein Kampf* que des savantes élucubrations de Rosenberg.

Ce dernier entreprend son *opus magnum* de 1925 à 1930, une synthèse de ses lectures empruntées aux racismes de l'époque dont la conviction première est que la lutte des races est au fondement de l'Histoire : le mal coule dans le sang contaminé des Juifs et le christianisme comme tout internationalisme est un facteur de décadence. La preuve en est donnée par l'Empire romain qui se trouve, après sa chute, régénéré par les Germains. Ce racisme, Rosenberg la retrouve affirmée chez des autorités comme Johann Gottlieb Fichte (1762-1814) Johann Gottfried Herder (1744-1803) qui exprime ouvertement son nationalisme dans l'extrait suivant[21] :

> Chaque nation porte en elle son élan de félicité, de même que chaque sphère a en elle son centre de gravité.

Mais alors que devient la leçon de la morale universaliste d'Emmanuel Kant (1724-1804), une référence indépassable pour tous les intellectuels allemands de l'époque ? J. Herder, disciple de E. Kant, hésite lui-même entre un internationalisme hérité du christianisme et un nationalisme héritier, lui, de la tradition du peuple allemand. Son dilemme est typique d'une époque antérieure à Rosenberg et aux mauvais souvenirs laissés par la Révolution française. Il s'impose alors à l'Allemagne de reprendre le flambeau du progrès. Les romantiques vont glisser vers le pangermanisme, l'antidémocratisme et vers l'anti-modernisme, et Kant sera annexé à la pensée nazie, dont les principes du devoir sont résumés dans une formule simple : « Agis tel que le veut le Führer. »

À Herder encore, Rosenberg emprunte l'idée que le christianisme a eu une influence néfaste sur les Germains du Nord qui adhéraient, écrit-il, à la religion héroïque d'Odin, ces Germains qui ont été déracinés par un christianisme conquérant. On peut comprendre que cette idée particulièrement simpliste fut très fa-

[21] J. G. von Herder (1774-1803) dans L. Giassi, *La philosophie de l'histoire selon Herder en 1774*, Philopsis, éd. numériques, 2010, p. 3.

vorablement accueillie dans les milieux nazis et davantage encore dans ceux de la *SS* pour laquelle le christianisme aussi était bien évidemment une invention juive. Le jugement que Zeev Sternhell, spécialiste des origines du fascisme, pose sur le rôle de Herder dans le développement du nationalisme est sévère[22] :

> Herder s'affirme comme le plus grand diviseur de l'Europe de son temps. Telle est la véritable signification historique de tout ce qui sépare le rationalisme et l'universalisme des Lumières de la révolte particulariste et ethnique de la fin du XVIIIe. (...) En effet, quand tout est soumis à la relativité historique ou ethnique, quand plus aucune comparaison n'est possible et aucune échelle des valeurs n'existe, quand la raison est impuissante à pénétrer la réalité historique et que seule l'intuition en est capable, les valeurs universelles disparaissent nécessairement. C'est ainsi que le nationalisme, en engendrant le sens de la relativité, devient un danger d'une gravité extrême pour la civilisation rationaliste.

Une nouvelle histoire du monde

L'essai de Rosenberg présente une relecture rétrospective de l'histoire du monde à la lumière d'un pangermanisme au dualisme simplificateur : celui de la lutte éternelle de la tradition germanique contre le monde sémitique. Au fondement de cette réinterprétation de l'histoire, on trouve l'idée que la religion est l'élément le plus intime de la vision du monde quand elle est associée à la Nature. Et toutes les religions qui vont à l'encontre des lois naturelles empêchent l'amélioration de la nature humaine et doivent être remplacées par une religion nouvelle avec des bases biologiques. À partir de ces présupposés, les cultures sont divisées en deux camps opposés : celui des cultures régressives et celui des cultures progressives. Traversant toute l'histoire de l'Occident, ce principe explique ses moments de progrès et ses moments de décadence. D'un côté donc parmi les éléments régénérateurs, la culture germano-nordique ; de l'autre, parmi les éléments de décadence,

[22] Z. Sternhell, *Les anti-Lumières,* Paris, Fayard, 2006, pp. 416-417. Rosenberg, *Le Mythe du XXe siècle*, file:///Users/cthys/Desktop/Full%20 text%20of%20_Le%20Mythe%20Du%20XXe% 20Sie%CC%80cle_.htmp. p. 642.

les centres syrio-judéo-sémitiques corrupteurs. L'extrait suivant montre à quelles excentricités l'auteur se livre[23] :

> L'Hindou aryen a doté le monde d'une métaphysique dont on n'a pas encore égalé la profondeur ; le Persan aryen a composé le mythe religieux dont la force nous alimente tous encore aujourd'hui ; l'Hellade dorique extrait par le rêve la beauté de ce monde comme elle n'a jamais été réalisée dans la perfection ; la Rome italienne (sic !) nous a donné en exemple la discipline formelle de l'État, montrant comment doit s'organiser et se défendre une communauté humaine menacée. Enfin l'Europe germanique a fait don au monde de l'idéal le plus lumineux qu'ait connu l'humanité : la doctrine de la force de caractère comme fondement de toute civilisation, l'hymne des plus hautes vertus de l'âme nordique sur l'idée de la liberté de conscience et de l'honneur.

Selon lui, le monde gréco-romain florissant, ployant sous les assauts de l'Église judéo-chrétienne, compromet une éthique de l'honneur et du devoir par un mélange de pitié, de soumission, de faiblesse dont l'Église se sert pour affirmer sa puissance sur la culture. Les hérésies albigeoises, vaudoises, cathares, huguenotes et luthériennes ne sont que des réactions légitimes contre la volonté de domination du christianisme qui culmine et dans l'Inquisition, et dans les innombrables querelles entre la tiare et la couronne comme dans le système scandaleux des indulgences. Mais c'est dans le mythe de l'infaillibilité pontificale que cette volonté de domination trouve son apogée en 1870. Enfin, point ultime d'aboutissement de la décadence chrétienne, la guerre de 1914-1918 entre pays chrétiens, met fin au christianisme comme moteur de l'histoire et invite à un dépassement du religieux pour une nouvelle mystique. Jésus, homme de caractère, a été supplanté par Paul et avec lui par les superstitions orientales qui ont produit un christianisme dégénéré, mais, Rosenberg le reconnaît, d'une tradition dont la solidité, acquise par l'immobilisme, a résisté à tous les assauts.

[23] A. Rosenberg, *Le Mythe du XXe siècle*, Livre 1. *Der Mythus des 20. Jahrhunderts*, Hoheneichen, München 1930. Trad. fr. proposée par Ungraindesable, 2018, p. 38 et *sq*.

On aurait pu croire que dans ce panorama d'un désastre religieux annoncé par les guerres fratricides qui jalonnent l'histoire de l'Europe, la Révolution française eût pu marquer un arrêt à la monarchie de droit divin. Or, pour Rosenberg, loin d'échapper à la décadence, la Révolution a livré la domination théocratique à la rapacité de la bourgeoisie triomphante qui prit l'initiative de l'exploitation des Juifs, des Nègres et des mulâtres.

En gros, la thèse de l'influence de la bourgeoisie dans l'essor du colonialisme est aussi martelée par les marxistes. Avec la conséquence immédiate que la concurrence pour l'extension des marchés entraîne la guerre. Avant que Hitler s'accorde avec le capital allemand, Rosenberg put reprendre cette thèse marxiste à son compte.

De ces considérations, il s'ensuit que, pour les Allemands, les Lumières françaises n'offrent plus de modèles pertinents pour bâtir une société. Une nouvelle religion doit naître, une religion germanique, fondée sur les valeurs de l'honneur, du devoir, de la volonté, de la conservation du sol et du sang, les principes mêmes qu'Hitler déclare avoir suivis pour survivre dans les tranchées de la Guerre mondiale.

On le constate la thèse marxiste de la lutte des classes n'échappe pas à Rosenberg, mais elle est subordonnée à la lutte des races et au maintien prioritaire de la race blanche.

Comme autorités de référence, trois personnalités de la tradition émergent pour avoir promu cette nouvelle religion : Socrate, qui ne pouvait être que germain ; Jésus, qui, bien que de culture juive, ne pouvait avoir que du sang aryen ! – il fait allusion au Jésus qui a chassé les marchands du Temple – ; et Maître Eckehart (1260-1327) (ou Eckhart), un mystique rhénan rebelle à l'Église romaine, pour qui c'est l'âme noble qui est la vraie représentante de Dieu sur Terre. Ainsi, la pensée complexe de ce maître spirituel occupe-t-elle une place de choix auprès de Rosenberg comme d'ailleurs auprès de Heidegger, du moins lors de sa période chrétienne.

De la spoliation idéologique à la spoliation des biens juifs

En 1940, Rosenberg se plaint à Hitler des tensions au sein d'un parti qui ne doit son unité qu'au culte de sa personnalité. L'idéologue se présente comme réformateur et voudrait derechef activer sa croisade antichrétienne. Hitler lui répond en invoquant son alliance avec Benito Mussolini qui se doit de ménager le catholicisme romain. C'est alors que Rosenberg obtient l'autorisation d'« enrichir » le fonds de son *Institut pour la recherche sur la question juive*[24]. Ce qui signifie dans les faits l'aval pour piller sans vergogne tout ce qui pourrait l'intéresser comme livres et comme archives à Paris, Vienne, Cracovie, Amsterdam… Il doit alors composer avec les ambitions de Göring, autre grand amateur d'œuvres d'art surtout quand elles sont détenues par les grandes familles juives. Les livres juifs pillés à Paris ou ailleurs par *l'Einsatzstab Reichleiter Rosenberg*[25] de Berlin étaient destinés à mieux évaluer l'importance des communautés des pays de l'Est. Cette information plaçait Rosenberg au rang des spécialistes consultés pour préparer l'invasion. Rosenberg est nommé ministre du Reich chargé des territoires de l'Est occupés, c'est-à-dire du territoire européen de l'Union soviétique. Or, dans son administration des pays destinés à servir de grenier et d'extension territoriale à l'Allemagne, Rosenberg se montre particulièrement désordonné, de sorte qu'il doit déchanter quand, au sommet de sa carrière, il doit en fait obéir aux *SS* de Himmler, bien plus efficaces et bien mieux adaptés aux basses besognes d'élimination et de déportation. Rosenberg est d'accord avec l'idée de l'élimination de l'Allemagne des Juifs et des prisonniers russes. Son Journal ne dit rien des années cruciales de la « question juive » où les décisions de H. Himmler l'emportent. Ce qui tracasse Rosenberg, c'est plutôt la question du déplacement des Juifs vers l'Est et les problèmes liés aux réactions des populations

[24] A. Rosenberg, *Institut für die Erforschung der Jüdischen Frage*.

[25] *Équipe d'intervention du gouverneur du Reich Rosenberg*. Le titre de *Reichleiter* était le grade le plus élevé de toutes les organisations nazies.

locales qui se plaignent de l'action aveugle des groupes de la mort et de l'effet négatif qu'ils ont sur les partisans du Reich[26] :

> Avoir un point de vue de seigneur, cela ne signifie pas arpenter le pays avec un fouet et parler de l'infériorité des peuples que l'on gouverne : cela s'exprime par une attitude toute naturelle, une manière de gouverner ferme, si nécessaire, et même sévère, mais juste.

Rosenberg craignait qu'une résistance s'organise derrière les lignes allemandes et compromette l'installation de ses concitoyens dans les pays de l'Est. C'est plutôt Himmler, souvent en conflit avec lui et surnommé l'« architecte de la solution finale », qui réfléchit aux différentes méthodes d'élimination des Juifs et des opposants communistes : famine, gazage, exécutions, camps de concentration… Il réagit progressivement aux pertes allemandes : les Russes « se sont défaits de leur strate européenne, laissant ressortir brutalement la haine mongole, dépourvue de personnalité (sic !)[27]. » La conviction dans la supériorité aryenne l'empêche d'évaluer la vérité de la situation des troupes allemandes. Sous sa plume, l'opération Barbarossa devient une libération du peuple russe sous domination juive. L'armée allemande devait libérer les pays de l'Est du joug du stalinisme et enrôler les anticommunistes. 1941 est une année déterminante pour celui qui est appelé à gérer les conquêtes de l'Est. Pour ses conflits ouverts avec les Martin Bormann, Erich Koch et autres sbires *SS* qui interviennent au moment de Stalingrad, son étoile faiblit. Plus que Hitler, il prend conscience que les éliminations des populations de l'Est, sémites ou communistes, vont entraîner une résistance sérieuse et une menace pour les lignes d'approvisionnement allemandes. La suite de sa biographie dépend effectivement de la contre-attaque soviétique qui rend un ministre des Pays de l'Est inutile, et finalement de la prise de Berlin par les troupes russes. La place effective qu'occupe l'idéologue dans la « purification ethnique » est bien celle d'un « second cou-

[26] Extrait d'une lettre de Rosenberg à Erich Koch à propos du comportement des autorités allemandes et du moral de la population ukrainienne, 10 mars 1942.

[27] A. Rosenberg, *Journal*, 1er septembre 1941, p. 420.

teau », sous les ordres des acteurs principaux, Goering, Himmler, Heydrich, Frank, Goebbels, Eichmann… Et d'un « second couteau » avide du bien des autres.

Chapitre 2

Le racisme avant Rosenberg et Goebbels

On aurait tort de penser que l'Allemagne détient l'exclusivité d'une pensée raciste. Le Juif est le bouc émissaire tout désigné par la France de droite autant que par l'Allemagne nazie. Il est le prétexte d'une sacralisation du peuple, de la race et du sol qui rapproche les droites dans une commune détestation de la Révolution française, de la modernité et de l'internationalisme. La haine de la modernité est aussi un dénominateur commun de nature mythique partagé par Rosenberg, Heidegger et Goebbels. L'anthropologie de l'époque, loin d'opérer une révolution « copernicienne » devant le défi que constituent pour un Européen les cultures extra-européennes, confirme la supériorité de la race blanche et justifie les ambitions coloniales. Et les anthropologues, loin de se consacrer objectivement à une mythique science pure, cèdent à l'air du temps, tandis que les psychiatres, devenus ennemis de Freud, éliminent ceux qui pourraient être leurs patients.

*Le Mythe du XX*e *siècle* ne fait que rassembler des propos et des pensées en genèse bien avant Rosenberg, en fait depuis plus de soixante ans si on remonte à l'historien Heinrich von Treitschke (1834-1896) qui fit entrer l'antisémitisme à l'université. Le racisme et le sentiment de supériorité de la race blanche que confirme la colonisation ont envahi différentes disciplines et ont développé une norme tenace qui devait supplanter toutes les autres au point que, partagés par de nombreux philosophes et anthropologues, ils ne sont devenus objets de débats qu'après un temps considérable.

De part et d'autre du Rhin, le « racialisme »

Sous l'effet d'une littérature haineuse, incroyablement abondante et relayée à tous les niveaux de culture, l'antisémitisme s'est imposé comme étant une attitude « normale » et de ce fait aucune manifestation antisémite ne rencontrait une quelconque opposition ; lentement s'est constitué un cadre d'obligations nouvelles envers l'État, un cadre imposé par la terreur et par l'élimination de l'opposition, mais un cadre qui impose des valeurs d'héroïsme et d'amour de la patrie. Cette nouvelle échelle des valeurs offre l'avantage pratique de mettre fin aux divisions partisanes, et de sacraliser un État, aux dépens d'un bouc émissaire érigé en ennemi de race, ennemi de l'humanité et ennemi économique mondial.

Il existe chez les leaders d'opinion nazis un lien logique entre la crise économique, sa répercussion sur le politique et ses conséquences sur une culture qui s'est donné comme consigne d'annexer la science, le droit et la philosophie. Cette culture serait la vérité définitive et donc clôturerait l'histoire[28]. Ainsi sous la plume de J. Chapoutot, on peut lire :

> Dire que les nazis sont des skinheads décérébrés, cela reste une vulgate, avec celle de la possession démoniaque, de la folie ou de la bestialité, qui rejette l'acteur dans l'infra-humain ou le para-humain. (…) Or, manifestement ces gens-là avaient des choses à dire. Ils avaient une herméneutique du réel : les nazis se concevaient comme une élite intellectuelle et éthique ayant pris acte de la science du XIXe siècle. (…) Les Allemands de l'époque qui ont armé le nazisme ont fait des choix : ils ont embrassé le nazisme parce qu'il répondait à des besoins et à des questions. Un besoin d'intellection et un besoin de réassurance.

On pourrait ajouter à cette remarque que cette élite auto-désignée poursuivait un besoin de rédemption, une sorte de conversion « spirituelle » de l'Allemagne dont Rosenberg et Goebbels se sont fait les hérauts.

[28] Tiré de *Philosophie hors-série*, 27/4/2018, « Le nazisme, un mal qui donne à penser », interview de J. Chapoutot par Sven Ortoli, pp. 78-79.

Du mythe aryen aux chambres à gaz, il existe une logique mortifère qui prend sa source dans l'exaltation d'un peuple pour sa vie et d'un peuple qui se sent porté par le destin pour représenter l'avenir de l'humanité. Cette vision du « peuple un » et de la « race pure », nous la retrouvons dans la droite nationaliste française et dans les tentations fascistes des autres pays européens. Elle aura des répercussions sur le mouvement pétainiste de la France et sur sa collaboration à l'Allemagne. Et cette même droite française avec ses Bourget, Maurras, Lemaître, Barrès, Drumont, partage l'idée d'une décadence européenne dont la cause est à trouver dans le libéralisme et à la négation de tous les repères[29] :

> Nous vivons dans une époque d'effondrement religieux et métaphysique où d'innombrables doctrines jonchent le sol. Non seulement nous n'avons plus, comme les gens du XVIIe siècle, un *credo* général, régulateur de toutes les consciences et principe de tous les actes ; mais nous avons perdu même cette force de négation qui fut le *credo* à rebours du XVIIIe siècle.

Les grandes thèses de Rosenberg sont développées en résonance avec un mouvement antisémite européen où la France aussi occupe une place de choix. Le moins que l'on puisse dire, c'est que tout ce qui tourne autour de 1789 – comme l'exécution du Roi et la répression qui s'abat sur le clergé – est un sujet majeur de réflexion pour les universitaires de langue allemande dont la liste est impressionnante : Kant, Hegel, Herder, Schelling, Fichte, Heine, Marx, Schiller, les frères Schlegel, et les lecteurs allemands de l'irlandais Edmund Burke. La plupart d'entre eux, via leur enseignement ou leurs articles, s'imposent à un large public d'étudiants comme s'imposa Johann Gottlieb Fichte dont les étudiants disaient, lors de sa période faste : « Il n'y a qu'un seul Fichte comme il n'y a qu'un seul Dieu ! »

Les jeunes hégéliens (David Strauss, Bruno Bauer, August von Cieszkowski, Ludwig Feuerbach, Arnold Ruge, Max Stirner) critiquent la Prusse impériale et, indirectement, la religion luthérienne, son alliée conservatrice. Ils inaugurent le thème cher à

[29] P. Bourget, *Essais de psychologie contemporaine*, Paris, Plon, 1901, t. 1, p. 215-216, cité par P.-A. Taguieff, dans *Pourquoi nous ne sommes pas nietzschéens,* Paris, Biblio Essais, 1991, p. 256.

Ludwig Feuerbach de l'aliénation par la religion et préparent la Révolution allemande de 1848. Le jeune Marx en fait partie, lui pour qui la Révolution française n'a engendré qu'un État bourgeois et a laissé inachevée la révolution sociale. Il proclame contre tous les bourgeois libéraux que le principe à la base du politique est l'auto-détermination du peuple et non la domination de l'argent. C'est au peuple que revient la responsabilité de créer une constitution. La lecture que fait Marx des événements radicalise donc les positions des néo-hégéliens dans le sens d'une révolution prolétarienne et ne se limite plus à une théorie politique sans actions conséquentes.

La raison sous la progressive emprise du mythe de la décadence

On peut dater vers 1450 le thème de la glorification de l'Allemagne comme alternative au modèle romain avec la redécouverte par les érudits latinistes de la *Germanie* de Tacite. Dans ce texte, Tacite attribue aux Germains d'éminentes qualités d'invincibilité et de pureté de race. Il ne faut pas davantage à Luther puis aux romantiques et aux nationalistes pour élever en dogme la pureté de la race et pour lancer l'illusion que cette pureté serait mise en danger tout au long de l'histoire. C'est ce qu'on trouve chez Friedrich Schlegel (1772-1829) dans son *Essai sur la langue et la sagesse des Indiens* qui manifeste vers 1808 un intérêt marqué pour la race aryenne. Mais F. Schlegel n'était pas lui-même antisémite : il n'avait en effet pas hésité à épouser une fille du philosophe Moïse Mendelssohn (1729-1786). Son frère August-Wilhelm s'engagea davantage en direction du patriotisme allemand et de l'eugénisme en prétextant que « si l'Orient est la région d'où partent les régénérations du genre humain, l'Allemagne doit être considérée comme l'Orient de l'Europe[30] ».

Pour que le mythe soit en mesure d'inséminer le grand public, il fallut attendre les romantiques, l'enseignement de Jacob Grimm

[30] L. Poliakoff, *Le mythe aryen*, Paris, Calmann-Lévy, 1971 ; Bruxelles, Complexe 1987, p. 219.

(1785-1863) et son *Histoire de la langue allemande*[31]. Dans les années 1840, Richard Wagner (1813-1883) y ajoute une dimension antisémite. Ainsi peut-on dire qu'au milieu du XIXe siècle, l'antijudaïsme est banalisé en Allemagne, et plus encore que des autorités intellectuelles françaises y ont aussi largement contribué. Elles étaient, ces autorités, admiratives devant la littérature allemande. Dans les écrits du comte Arthur de Gobineau (1816-1882), se répand l'idée d'une décadence européenne due aux mélanges interraciaux ; dans ceux de Gustave Lebon (1841-1931), s'expose l'idée que l'Histoire a pour nerf la lutte des races, que celle-ci est inéluctable et que toute volonté de paix est illusoire. En conséquence, que le régime de la libre-concurrence est le plus favorable à la sélection des meilleurs[32].

Avec le temps, l'anthropologie prend conscience qu'elle n'a pu échapper aux poncifs de la colonisation et, pour satisfaire aux exigences scientifiques, qu'elle devra évaluer son caractère européocentré et envisager autrement le rapport de domination qu'elle a adopté vis-à-vis de l'indigène. En attendant cette conversion, pendant cette deuxième partie du XIXe siècle, les préjugés continuent à guider les recherches. Parmi les curiosités qui touchent la question des races, L. Poliakov[33] pointe le doyen de l'école française d'anthropologie physique, Armand de Quatrefages (1810-1892), qui pourtant combat l'esclavagisme par respect, prétend-il, pour

31 J. Grimm, *Geschichte der deutschen Sprache*, Leipzig, 1848. Les amateurs de contes connaissent bien les frères Grimm, Wilhelm et Jacob. Moins connues sont leurs contributions universitaires à l'ethnologie et à la linguistique qui leur ont valu le titre de docteurs *honoris causa* de l'université de Marbourg, après une carrière à Göttingen et à Berlin.

32 L'anthropologie a partie liée avec les phases de la colonisation. Schématiquement, elle passe par une phase de négation pure et simple de la culture locale et justifie dès lors une colonisation assimilatrice qui passe par l'usage d'une main-d'œuvre quasiment esclave. Elle aboutit à une phase de reconnaissance qui comporte la négation scientifique du concept même de race (Lévi-Strauss). Entre les deux, elle connaît une crise liée à la décolonisation (Césaire et Fanon). De manière particulièrement évidente, le savoir ethnologique est soumis au pouvoir colonial). Hegel lui-même n'échappe pas au mythe du Juif apatride, ritualiste et cupide.

33 L. Poliakov, *op. cit.*, p. 252.

sa propre conscience éthique[34], mais qui n'en reste pas moins conforme à tous les préjugés du temps, comme l'indiquent à suffisance certains de ses propos :

> Le nègre est une monstruosité intellectuelle, en prenant ici le mot dans son acception scientifique. Pour le produire, la nature a employé les mêmes moyens que lorsqu'elle enfante ces monstruosités physiques dont nos cabinets offrent de nombreux exemples. (…) Le nègre est un Blanc dont le corps acquiert la forme définitive de l'espèce, mais dont l'intelligence tout entière s'arrête en chemin.

Plus tard, Victor Klemperer (1881-1960), un romaniste professeur à l'université de Dresde, spécialiste du XVIIIe siècle français et contemporain de Heidegger, nous décrit dans ses *Carnets clandestins*[35] car, il doit échapper à la Gestapo, le sentiment de l'exclusion et le désespoir de celui qui, du jour au lendemain, perd sa chaire d'Université et se promène dans les rues avec une étoile jaune sous les quolibets, les injures et les crachats des passants. Son journal ne sera publié qu'en 1995. Clandestinement, il se livre à l'étude, une des premières, du langage réducteur du Troisième Reich, ce qu'il appelle la « LTI » ou *Lingua tertii imperii.* Ce langage, au demeurant pauvre, se répand dans les années trente parmi les spécialistes de l'histoire du peuple allemand et de sa littérature. L'auto-description de l'Allemagne éternelle va dans deux sens opposés. Les bons auteurs sont porteurs de la voix du sang ; ils pratiquent la religion de la tradition : ils sont sentimentaux et sont gagnés par la nostalgie d'un retour au bercail. Ils s'inspirent de l'exemple des Francs[36] :

> Une force « indomptable » pousse les Cimbres et les Teutons, dont l'irruption en Italie marque le début de cette histoire, une convoitise « indomptable » pousse les Germains à « combattre

[34] A. de Quatrefages, Paris, *Revue des deux Mondes,* « La Floride », 1843.

[35] V. Klemperer, *LTI, la langue du IIIe Reich*. Carnets d'un philologue, Paris, Albin Michel, 2003.

[36] *Furor teutonicus,* cité dans V. Klemperer, *LTI, la langue du IIIe Reich,* Leipzich, 1975 ; Paris, Albin. Michel, 1996 ; Paris, Agora n° 202, p. 334 et *sq.*

avec le Tout » ; une passion « indomptable » explique, excuse, qui ennoblit les pires dérèglements des Francs.

En revanche, des auteurs comme H. Heine ou L. Börne, K. Gutzkow ou G. Herwegh, ou surtout K. Marx représentent l'antithèse de cette « spiritualité » nazie. En fait, ils déspiritualisent le peuple allemand ; ils sont d'un intellectualisme creux et d'esprit matérialiste.

Et V. Klemperer d'ajouter[37] :

> Le cogneur et le cracheur (allusion à sa femme qui en fut victime), c'étaient des brutes primitives (bien qu'ils eussent le grade d'officier) ; tant qu'on ne peut pas les assommer, il faut supporter ce genre d'hommes… Mais ce n'est pas la peine de se casser la tête dessus. Alors qu'un homme qui a fait des études comme cet historien de la littérature (W. Linden, NDLR) ! Et, derrière lui, je vois surgir la foule des hommes de lettres, des poètes, des journalistes, la foule des universitaires. Trahison, où que se pose le regard.

Trahison de l'humanisme, trahison inconcevable eu égard à la richesse de la tradition philosophique et littéraire, mais trahison qui ira bien au-delà de ce que Klemperer peut supposer.

Le destin menacé de la race blanche

L'Essai sur l'inégalité des races humaines (1853-1855) d'Arthur de Gobineau défend la croyance indéfectible de la supériorité de la race blanche pour sa manière de valoriser l'honneur, la rigueur, la fidélité et la réflexion. Cette position est une évidence pour tous les coloniaux de l'époque. Dans un contexte à prétention scientifique, A. Rosenberg et Hans F.K. Günther (1891-1968) s'empressent de diffuser ces préjugés : la race noire tend à la bestialité, parce qu'à son origine elle déjà violente et instable. Et la race jaune n'est qu'une « ébauche » de l'homme qui se caractérise par l'apathie, la médiocrité et un culte de l'utilitaire :

[37] V. Klemperer, *Id.*, p. 341.

Il appartient à la race blanche de prendre la mesure des autres races avec ses propres critères de race supérieure, et de les soumettre au risque d'un conflit des races qui pourrait l'entraîner vers une perte d'identité. Pour preuves l'art dégénéré et les revendications sociales égalitaires que l'on trouve en Europe. Le danger de métissage menace réellement la race blanche. Et ce sont les défenseurs « métis » de l'égalité et de la fraternité universelles qui deviennent les agents majeurs de l'inéluctable décadence dont la Révolution française est la source. L'alerte contre ce danger est donnée par Eugen Fischer (1874-1967) dans son étude de 1913 sur le problème de la « bâtardisation » de l'être humain. Au sein du nazisme, il jouera un grand rôle dans la diffusion des idées d'eugénisme.

Ce pessimisme quant à l'avenir de la culture occidentale ouvre la voie à une réaction qui envisage une rédemption possible. C'est l'idée que partagent Rosenberg, Nietzsche et Hitler quand ils s'appuient sur des principes soi-disant scientifiques. Malgré les faiblesses évidentes des réflexions de Gobineau (1816-1882), Houston Stewart Chamberlain[38] tient à complimenter l'eugéniste pour le fait d'avoir allié érudition livresque et rêveries fantaisistes dignes d'un prophète apocalyptique. À son tour, le comte Hermann de Keyserling lui accorde plutôt d'avoir été, avec Gustave Le Bon, celui qui durant le XIXe siècle a exercé sur la France l'influence la plus profonde du point de vue du genre humain. Le Cercle de Bayreuth fonde en 1894 une société « Gobineau » dont fera même partie le français Paul Bourget. Le journaliste allemand Wilhelm Marr (1819-1904) y introduit le concept racial d'antisémitisme (1879) à la place de celui d'antijudaïsme, plutôt du ressort du religieux. Cette différence est importante, car la race donc le sang vicié l'emporte dans toutes les considérations sur l'adhésion à une religion.

[38] Houston Stewart Chamberlain (1855-1927), aristocrate britannique, devient un grand admirateur de la culture allemande et de Wagner qui incarne celle-ci. Il s'imposera comme une référence privilégiée dans la défense des thèses raciales et plus particulièrement dans celle qui assimile le monde aryen au monde indo-européen. Auteur de *La Genèse du XIXe*, il inspirera profondément Rosenberg. Le compliment qu'il adresse au Comte de Gobineau vaut son pesant d'or.

En 1923, Hitler, emprisonné à la forteresse de Landsberg, lit le manuel du collectif Baur-Fischer-Lenz sur l'eugénisme et en adopte dans *Mein Kampf* les grandes lignes. Mais la vague raciste-eugéniste est loin d'être exclusive à l'Allemagne.

La France raciste

Les successeurs de Gobineau[39] vont se poser des questions qui dissimulent à peine un ethnocentrisme dominant : quelle est la culture la plus noble entre toutes ? Quels sont les traits caractéristiques des différentes races ? Quelle est la race qui possède le plus d'intériorité ou qui incarne le mieux l'esprit ? Quelle est la race la plus virile et aussi la plus féminine ? Quelle est la race la plus riche en penseurs ? Les nationalistes français ont eu l'occasion d'exercer leur virulence lors de l'affaire Dreyfus, car Dreyfus est, selon eux, un traître par sa race. Enfin, dans les écrits de Georges Vacher de Lapouge[40], on retrouve l'idée de la création d'une race supérieure grâce à la mise en pratique de l'hygiène raciale ou du racisme eugénique. Mais c'est l'eugénique allemande qui, dans les communications savantes de 1914, suscite la peur par l'extension de ses choix. Paul de Lagarde (de son vrai nom, Paul Anton Bötticher), bien avant Wagner, déjudaïse Jésus pour en faire un aryen, idée qui semble originale, mais qui est répandue dans les milieux germanophiles et reprise par Rosenberg.

39 Voir également P.-A. Taguieff, *La couleur et le sang. Doctrines racistes à la Française*, nouvelle édition refondue, Paris, Mille et une nuits, 2002, p. 36-37. Paul de Lagarde (1827-1891) est un théologien et un orientaliste célèbre qui devient la référence obligée de la pensée *völkisch*, de l'antisémitisme et de l'anticatholicisme. Il rêvait d'une religion nationale qui incarnerait l'esprit allemand. Il adopte le nom de la branche maternelle de sa famille.

40 Georges Vacher de Lapouge (1854-1936) entretient la conviction que les lois biologiques de l'hérédité et de la sélection régissent aussi le monde social. Il contribuera activement à imposer le succès de l'eugénisme à la fin du XIXe siècle. Grand lecteur de Darwin et de Galton, il poursuit une carrière de magistrat, non sans manifester des intérêts pour l'anthropologie. De manière à reproduire les élites, il se prononce pour la sélection naturelle. C'est lui qui introduit dans ses articles le mot « eugénique », francisation du néologisme « eugenics » créé par Galton. Il sera d'ailleurs un des grands diffuseurs de l'eugénique « galtonienne ».

Dans un pays pourtant hostile à l'Allemagne surtout après 1870, le journaliste E. Drumont, professe dans la presse populaire dès 1898 et donc un an avant le *Catéchisme nazi* de Th. Fritsch un antisémitisme dont la violence n'a rien à envier à la propagande nazie. Ainsi sous le titre « Plaies d'Égypte », il déclare dans le journal *La libre Parole*[41] :

> On sent cheminer dans l'ombre des êtres malfaisants et vagues qui travaillent à des choses obscures. Je ne sais quoi de sinistre enveloppe le pays tout entier. En réalité, le Juif n'a pas changé depuis mille ans ; il est toujours l'ennemi dans la maison, l'artisan de complots et de trahisons, l'être oblique, obscur, inquiétant et néfaste, dangereux, surtout parce qu'il emploie des moyens qui ne sont pas ceux des peuples au milieu desquels il vit.

Au prétexte de sauver l'« âme de la patrie », le journaliste judéophobe se rallie à la mystique du chef, et à la vengeance de l'humiliation de 1870. Plus que les enragés de la haine du Juif, mais préoccupé par la dégénérescence de la race blanche, Gustave Lebon (1841-1931) manifeste un souci de sérieux, directement inspiré du biologisme évolutionniste. Avec les autres antisémites, il partage cinq convictions :

1. Le Juif appartient à une race inassimilable, parce qu'impure.

2. La guerre favorise le progrès de l'humanité par une « sélection » des plus résistants, une idée que l'on trouve même chez Kant dans le § 28 de la Critique du jugement, de 1790.

3. La civilisation blanche est menacée de décadence parce qu'elle tend à renier ses racines.

4. La démocratie, c'est l'anarchie par la subversion des élites.

À l'avenir, pense Gustave Lebon, la civilisation blanche sera confrontée au péril jaune. Étant des luttes pour l'existence, les conflits raciaux sont donc sans merci. Si la pureté raciale est sans doute une illusion, la pureté civilisationnelle qui se manifeste dans les modes de pensée ne l'est pas. Cette idée de supériorité culturelle a tout pour plaire même aux esprits tolérants.

41 E. Drumont, journal *Libre parole* du 23/02/1898.

Redécouverts par Zeev Sternhell[42], Georges Sorel (1847-1922) et les interprétations de sa pensée inspireraient le fascisme français qui à bien des égards inspire aussi B. Mussolini et se pose en dépassement du capitalisme et du communisme. Comme Rosenberg, et avant lui, Sorel critique les Lumières et accorde aux mythes plus d'importance qu'à la raison, à l'incarnation du mythe dans la grève générale. Il se veut critique de Marx mais lecteur de Nietzsche, le Nietzsche qui combat Socrate parce que les interrogations du maître de Platon paralysent l'action. Dans *Réflexions sur la violence* (1908), il se dit partisan par-dessus tout d'un syndicalisme révolutionnaire qu'il espère plus progressiste que le socialisme parlementaire habituel et qui devrait s'engager dans une lutte des classes conçue sur les combats des militaires. Il justifie ainsi une violence prolétarienne en riposte à la violence bourgeoise[43] :

> Plus le syndicalisme se développera, en abandonnant les vieilles superstitions qui viennent de l'ancien régime et de l'Église – par le canal des gens de lettres, des professeurs de philosophie et des historiens de la révolution, – plus les conflits sociaux prendront un caractère de pure lutte, semblable à celles des armées en campagne.

Cette idée séduit Carl Schmitt, en 1923, convaincu de la légitimité de l'usage immédiat et presque instinctif de cette lutte, mais sceptique quant à son issue. Rosenberg le rejoint dans son culte du mythe et de l'héroïsme à la mode antique. Mussolini aussi quand, dans ses discours, il en appelle à la foi, au courage et à l'enthousiasme. G. Sorel sera intégré par la culture allemande dans la « Révolution conservatrice ».

Mais, contre toute attente, ce sont les idées de Georges Vacher de Lapouge (1854-1936), un socialiste antisémite, qui ont exercé sur Rosenberg une influence majeure et avouée. La conception du monde de ce socialiste autoritaire présente en effet déjà l'histoire de l'Europe comme un combat irréductible entre Aryens et Juifs, avec, perceptible en France, le sentiment d'une réelle menace

[42] Voir A. Lacroix, « Existe-t-il une pensée fasciste ? », Revue *Philosophie*, n° 79, mai 2014, pp. 40-45.

[43] G. Sorel, *Réflexions sur la violence*, accessible sur https://wikisource.org/wiki/Pagedjvu/160. p. 150.

israélite dans les milieux d'affaires. Une féodalité juive maîtresse du capital se développerait qui ne trouverait d'opposition véritable que dans le socialisme. Les Juifs devraient, sous peine d'une extension de leur pouvoir, faire l'objet d'une élimination définitive[44] :

> Beaucoup de socialistes estiment que le mouvement de concentration des richesses entre les mains des Juifs doit être favorisé par tous les moyens. C'est le procédé le plus sûr et le plus doux de parvenir à la nationalisation des moyens de production. Il suffira de frapper une classe peu nombreuse, étrangère et détestée. Au sein du parti ouvrier, j'ai moi-même propagé cette idée. Le raisonnement n'était pas mauvais, mais les Juifs l'ont fait aussi et se gardent. Il n'y a pas de révolution socialiste possible tant que dureront les formidables armées d'aujourd'hui, dont la fonction, il faut bien le dire, est plutôt de maintenir le régime ploutocratique contre les tentatives de révolution intérieure que de défendre chaque pays contre son voisin. Il suffirait donc aux Juifs de se réserver les charges de judicature et les hauts emplois militaires pour maintenir leurs sujets dans la soumission, comme les Français font en Indochine et les Anglais dans l'Inde. Et si l'armée nationale, bien que très disciplinée, encadrée de chefs juifs ou dévouée entièrement au régime de la ploutocratie juive, laissait cependant à désirer, il serait aisé de faire faire les plus dures besognes par les régiments jaunes ou noirs, dont la base de recrutement serait assurée par les vastes colonies apportées par la France et l'Allemagne.

L'auteur de ces lignes atteint une réputation telle que le Kaiser clame haut et fort qu'il est le « plus grand homme français ».

Arthur Schopenhauer (1788-1860) et Richard Wagner (1813-1883)

Arthur Schopenhauer est aussi la référence obligée qui inspire Rosenberg dans *Le Mythe* d'associer la guerre des arts à celle des races. Mais la notion de « volonté » chez Schopenhauer se doit d'être corrigée. Pour le penseur pessimiste, tous les êtres sont

[44] G. Vacher de Lapouge. *L'Aryen, son rôle social*, Paris, A. Fontemoing, 1899.

animés d'un vouloir-vivre qui se manifeste au plan humain par le langage, par la projection possible dans le temps et nécessairement par la rencontre avec la conscience aigüe de la mort. Toute vie humaine ne peut qu'être une tragédie. Ainsi le veut la Nature qui, indépendante de la tragédie humaine, continue son cycle de manière bien impersonnelle et invariable. A. Schopenhauer a renié la conception habituelle de la volonté qui la reliait à la liberté plutôt qu'au déterminisme de la Nature. Il oublie que si l'individu disparaît il n'en va de même ni du Peuple, ni de la Race, ni de l'art, en particulier de l'art « nordico-occidental ». Il faut donc remanier la conception schopenhauerienne de la volonté et voir dans le volontarisme un chemin vers l'héroïsme et dans l'art nordique le rayonnement de la volonté en quête d'immortalité. La musique est l'art majeur qui atteint la volonté elle-même et le noyau intime des choses. Elle éveille les énergies de l'âme. Et surtout, bien évidemment, l'opéra wagnérien.

La musique et les opéras de Richard Wagner (1813-1883) accompagnent toute l'histoire du nazisme et donnent prétexte à ses dirigeants de s'identifier avec des modèles héroïques inscrits dans leur propre mythologie.

Dans son essai *Le Judaïsme dans la musique* (1850 et 1869), au demeurant d'une argumentation parfaitement médiocre, R. Wagner tente de présenter des exemples convaincants de la misère de l'art qui n'a pu remporter des suffrages avec Mendelssohn ou Heine. Ces derniers n'ont eu de succès que profitant d'un moment où l'art allemand était en dégénérescence, car déjà infecté par un judaïsme devenu bourgeois. Il cherche surtout à justifier ce qu'il appelle lui-même sa « répulsion instinctive » devant la judéité qui ne peut par essence accéder ni à une langue harmonieuse, celle de poètes, ni à l'art musical. L'idée de la dégénérescence germanique, thème central de Spengler, trouve écho auprès de Chamberlain, époux d'Eva, la fille de Wagner, Chamberlain qui y adhère aussitôt et reconnaît dans le musicien un continuateur de la pensée de Schopenhauer, car, affirme-t-il avec conviction, « bâtir sur Schopenhauer, c'est bâtir sur le roc. » Il faut noter en passant que si effectivement Wagner admire Schopenhauer, celui-ci ne lui rendit jamais la pareille.

Wagner exerce aussi une véritable fascination sur le jeune Nietzsche qui, durant la période d'amitié, voit dans l'œuvre du musicien une véritable incarnation de sa propre conception de l'art qu'il définit, lui, comme antagonisme entre deux instincts : celui de l'ivresse, la tendance dionysiaque, et celui de l'harmonie, la tendance apollinienne. Nietzsche est invité en 1856 à partager l'intimité de la famille Wagner. Vingt ans plus tard, c'est la rupture pour des motifs personnels et pour des motifs philosophiques. Deux extraits peuvent illustrer le ressentiment de Nietzsche vis-à-vis de Wagner[45] :

> C'est dès l'été 1876, alors que le premier festival battait son plein, que j'ai, en mon for intérieur, pris congé de Wagner ; or, depuis que Wagner était en Allemagne, il s'abaissait peu à peu à tout ce que je méprise – et même à l'antisémitisme… En fait, il était alors grand temps pour moi de me séparer de lui : j'en eus très vite la preuve. Richard Wagner, en apparence au faîte du triomphe, en réalité un décadent, miné par le désespoir, s'effondra soudain, éperdu et brisé, au pied de la croix des chrétiens. (…)
>
> En ce qui concerne Richard Wagner, je n'ai pas surmonté la désillusion de l'été 1876 : les imperfections de l'œuvre et de l'homme me parurent tout à coup trop énormes : je pris la fuite (…) Que, vieilli, il eût changé, cela ne m'importe guère : presque tous les romantiques de cette espèce finissent sous la croix – moi, j'aimai seulement le Wagner que j'ai connu, un honnête athée et immoraliste, qui inventa le personnage de Siegfried, celui d'un homme parfaitement libre[46]. »

Un Wagner rendu à la foi chrétienne, un Wagner resté pangermaniste qui ne cherche que la rédemption du peuple allemand et n'est pas à la hauteur des ambitions de Nietzsche, à quoi s'ajoutent certainement des raisons plus anecdotiques et personnelles comme l'adulation dont bénéficiait Wagner à Bayreuth, l'antisémi-

[45] F. Nietzsche, *Le « cas Wagner »*, 1888. Paris, Folio Essais, 1991.

[46] Brouillon de la préface à la seconde édition de *Humain, trop humain,* écrit en 1886 ». Voir F. Molin, « Nietzsche et Wagner. De l'amitié à la rupture » sur http://richard-wagner-web-museum.com/accueil/section-ii/friedrich-nietzsche-et-richard-wagner-de-lamitie-à-la-rupture/

tisme vulgaire du musicien, autant de raisons pour assombrir un Nietzsche déjà d'une grande susceptibilité.

Friedrich Nietzsche (1844-1900)

« Malheur à moi qui suis une nuance[47] », Nietzsche prononce malicieusement cet avertissement au lecteur éventuel, alors que ses lecteurs réels, parmi lesquels P.-A. Taguieff, déplorent le caractère toujours radical de ses assertions. En raison même d'une réflexion qui s'inscrit dans des genres littéraires inédits comme le *Zarathoustra,* les interprétations sont innombrables et ne rencontrent pas d'unanimité.

Les plus à l'écoute d'une pensée qui revendique la transformation de l'homme grâce à ses ressources créatives se trouvent chez Karl Jaspers, Karl Löwith, Sarah Kaufman, Martin Heidegger, Eugen Fink... Toutefois, dans l'entre-deux-guerres, on peut constater que la lecture d'un antisémitisme parcourant les œuvres de Nietzsche s'exprime autant chez Georges Lukacs, le philosophe marxiste, qui n'y voit qu'un avatar bourgeois, que chez son opposé nazi, éditeur politique de ses œuvres, Alfred Bauemler (1887-1968). Recteur de l'université de Berlin, ce dernier deviendra un secrétaire très influent de Rosenberg et versera Nietzsche parmi les précurseurs de la révolution conservatrice. Dès 1933, Nietzsche est salué dans les milieux nazis comme le plus génial précurseur de leur idéologie.

De son côté, Bernard Förster, époux de la sœur de Nietzsche, renforce l'interprétation antisémite du philosophe avec l'accord d'Elisabeth qui s'impose héritière de l'héritage intellectuel du penseur. De fait, la manière dont l'*Antéchrist* de Nietzsche présente le christianisme peut selon les interprétations ou englober le judaïsme ou seulement le christianisme institutionnel, issu de l'apôtre Paul.

47 F. Nietzsche, *Ecce homo,* Paris, Thélème, 2018, § 4. Rédigé en 1888 ; édité en 1908.

Pour Nietzsche, le christianisme n'est qu'une étape de l'histoire de la pensée dont il propose un bilan nuancé[48] :

> Il ne faut vouloir ni enjoliver ni excuser le christianisme : il a mené une guerre à mort contre ce type supérieur de l'homme, il a mis au ban tous les instincts fondamentaux de ce type, il a distillé de ces instincts le mal, le méchant : – l'homme fort, type du réprouvé.

Il est clair que ce passage offre aux grands prêtres de la nouvelle religion, Eckhart, Rosenberg, Hitler, Bauemler, une caution « prestigieuse » : le nazisme dépassera le communisme, le christianisme et même la tradition idéaliste allemande. En revanche, parmi les critiques de Nietzsche, Theodor Fritsch (1852-1933), dans ses lettres au rédacteur de *l'Antisemitische Correspondenz,* témoigne d'une aversion qu'il sait réciproque. Ce traducteur du fameux *Protocole des sages de Sion* et auteur d'un ouvrage apprécié de vulgarisation de l'antisémitisme, *Le Manuel de la question juive* (1907), évalue *Par-delà bien et mal* (1886) dans les termes peu flatteurs d'« idioties superficielles d'un pauvre savant de pacotille, corrompu par les Juifs. »

Mais Nietzsche, devenu philosémite après sa rupture avec Wagner, se moque des Paul de Lagarde et autres racialistes[49] :

> Croyez-moi : cette invasion répugnante de dilettantes rébarbatifs qui prétendent avoir leur mot à dire sur la « valeur » des hommes et des races, cette soumission à des « autorités » que toutes les personnes sensées condamnent d'un froid mépris (« autorités » comme Eugen Dühring, Richard Wagner, Adolf Wahrmund, Paul de Lagarde – lequel d'entre eux est le moins autorisé et le plus injuste sur les questions de morale et d'histoire ?) Ces continuelles et absurdes falsifications et distorsions de concepts aussi vagues que « germanique », « sémitique », « aryen », « chrétien », « allemand » – tout cela pourrait finir par me mettre vraiment en colère et me faire perdre la bonhomie

[48] F. Nietzsche, *L'Antéchrist,* § 5. Accessible sur https://fr.wikisource.org/wiki/L%E2%80%99Ant%C3%A9christ_(Nietzsche)

[49] F. Nietzsche, *Lettre du 29 mars 1887* à Theodor Fritsch du 29 mars 1887, cité par E. Morin et accessible sur curiositas.free.fr/nietzsche/combats/racisme.htm.

ironique avec laquelle j'ai assisté jusqu'à présent aux velléités virtuoses et aux pharisaïsmes des Allemands d'aujourd'hui. Et, pour conclure, « que croyez-vous que je puisse éprouver quand des antisémites se permettent de prononcer le nom de Zarathoustra ?».

À l'appui de ce mépris pour les idéologues, on peut certainement trouver dans *Par-delà le bien et le mal,* des propos nettement antinationalistes par exemple quand Nietzsche s'en prend à ce qu'il pense réellement être le fond de l'âme allemande, au-dessus de laquelle il se place, bien entendu[50] :

> Essayons donc de voir sous un autre jour cette profondeur allemande ; il suffit pour cela de disséquer un peu l'âme allemande. L'âme allemande est avant tout multiple, hétérogène, plus composée d'éléments juxtaposés que véritablement structurée : cela tient à son ascendance.

Pour Rosenberg, au contraire, l'âme et le sang allemands sont un. C'est donc en passant sous silence les antipathies de Nietzsche vis-à-vis des Lagarde, des Chamberlain et des Wagner… et même vis-à-vis du préjugé de la « pureté » de la « race germanique », qu'il s'empresse d'annexer le philosophe en ces termes[51] :

> F. Nietzsche représente le cri désespéré de millions d'opprimés. Sa sauvage prédication du surhomme était une amplification puissante de la vie individuelle, subjuguée, anéantie par la pression matérielle de l'époque.

Il souhaite indirectement l'avènement d'une élite guerrière, programme qui sera réalisé par la mise sur pied de la *SS*. Mais, pas plus que les philosophes, les nazis ne trouveront une unanimité pour faire de Nietzsche une figure tutélaire indiscutable. Nietzsche est souvent sollicité dans *Le Mythe* parce qu'il donnerait une clé pour comprendre l'essence de l'art germanico-européen. Le propre de cette culture serait de porter avec à son plus haut degré de synthèse les tensions entre l'apollinien (le rationnel) et le dionysiaque (le passionnel) qui se trouvent encore séparés dans l'art grec. Et les

[50] *Id., Par-delà le bien et mal,* Paris, Gallimard 1971, p. 187.

[51] Cité dans P. Zawadski, « Le barbare et le sceptique. Introduction à la dialectique du fanatisme et du nihilisme ». *Pardès,* in Press, 2005/1 (n° 38), p. 39.

auteurs de cette synthèse sont, entre autres, Fr. von Schiller, J.W. von Goethe, L. von Beethoven, R. Wagner.

Aux yeux des jeunes philosophes français de l'après-guerre, dont Michel Foucault, la lecture de Nietzsche devient l'antidote à la pensée hégélienne accusée dans sa théorie de l'État d'avoir eu sa part dans la montée du nazisme. L'aveu suivant des années 1980 de l'auteur *Des Mots et des choses* en dit long sur cette étrange assimilation d'un philosophe qui s'est agrégé au communisme par le biais d'une pensée antinazie[52] :

> L'expérience de la guerre nous avait démontré la nécessité d'une société radicalement différente de celle dans laquelle nous vivions. Cette société qui avait permis le nazisme, qui s'était couchée devant lui, et qui était passée en bloc au côté de De Gaulle. Face à tout cela, une grande partie de la jeunesse française avait eu une réaction de dégoût total. On désirait un monde et une société non seulement différents, mais qui auraient été un autre nous-même (…) Pour l'instant, je voudrais noter un fait plutôt curieux. L'intérêt pour Nietzsche et Bataille n'était pas une manière de nous éloigner du marxisme ou du communisme. C'était la seule voie d'accès vers ce que nous attendions du communisme. (…) Être « communiste nietzschéen », c'était vraiment invivable, et, si l'on veut, ridicule. »

Oswald Spengler (1880-1936)

La réception de l'ouvrage d'O. Spengler, *Le déclin de l'Occident*[53], paru en 1918 après 10 ans de recherche, intervient au lendemain de la Grande Guerre. L'ouvrage reçoit aussitôt une large diffusion, parce que paraissant à point nommé pour placer les Allemands devant la nécessité de se relever de leur défaite et de faire honneur à leur culture.

[52] Tiré de M. Foucault, *Dits et écrits,* Paris, Gallimard, 2001. p. 868.

[53] O. Spengler, *Der Untergang des Abendlandes. Umrisse einer Morphologie der Welgeschichte,* Braumüller, Wien, 1918. *Le déclin de l'Occident. Esquisse d'une morphologie de l'histoire universelle,* Paris, Gallimard, 2 tomes, 1948.

Avant de provoquer l'ironie de détracteurs, comme Thomas Mann[54], la teneur de l'essai attire l'attention de Franz Rosenzweig, philosophe engagé dans la Grande Guerre et auteur de *L'étoile de la rédemption*, qui, le 30 avril 1919, écrit avec admiration[55] :

> Je lis Spengler avec le plus vif intérêt, c'est un livre réellement génial. (...) J'oublie la méchante morale de l'histoire en lisant ce qu'il écrit de follement passionnant sur l'histoire elle-même.

Theodor Adorno (1903-1969), philosophe marxiste d'ascendance juive, par ailleurs obligé par les nazis de s'exiler aux États-Unis, et donc peu suspect de la moindre sympathie pour une idéologie nationaliste de droite, écrit à son tour en 1938 à propos de la réception du *Déclin* : « Spengler n'a guère trouvé d'opposant qui se fût montré à sa mesure[56] ». Effectivement, même si O. Spengler se situe à l'opposé de la tentation marxiste des « Spartakistes », sa critique de l'usage utilitaire de la raison a anticipé sur les analyses de T. Adorno.

Aujourd'hui, la lecture de Spengler trouve un renouveau d'intérêt chez un néo-naturaliste hédoniste comme Michel Onfray et comporte des réflexions sur la technicisation à outrance et sur les faiblesses du parlementarisme maintes fois constaté par nos contemporains. À la suite de Spengler, M. Onfray choisit le déclin du catholicisme et en général des grands récits mythiques à nature sociale qui ont déterminé le destin de l'Occident pour diagnostiquer la décadence de la culture occidentale confrontée à la nature théologico-politique de l'islam. Encore ce choix de M. Onfray est-il très contestable. Car il hérite automatiquement des travers d'une conception organiciste de l'histoire qui fait partie des « visions du monde » hors de portée de toute vérification possible.

Sous une inspiration goethéenne, Spengler creuse de manière très romantique et vitaliste un thème très courant à son époque,

54 T. Mann, *Scriften und Reden zur Literatur, Kunst und Philosophie*, Bd. I ; cité dans G. Merlio, *Le début de la fin* ? Paris, PUF, p.162.

55 S. Goldblum. « Oswald Spengler et le refus de la Révélation. » : F. Rosenzweig lecteur *du Déclin de l'Occident*, *Cahiers philosophiques*, n° 29, 2011, pp. 169-187.

56 O. Spengler, *Nach dem Untergang*, dans *"Kulturkritik und Gesellschaft"*, vol. 1, Frankfurt/Main, Suhrkamp, 1977, p. 47.

la différence entre « culture » et « civilisation ». Pour lui, la « culture » ressortit du sentiment d'appartenance à une âme et à un corps communs, sentiment qui ne peut être saisi que par l'intuition, qui est intransmissible et requiert presque comme moteur la défiance vis-à-vis de ce qui est autre. La « civilisation » est faite de l'habillage des institutions qui, elles, sont transmissibles par rayonnement de la haute-culture. Ce faisant, Spengler s'estime en droit de transférer les règles de la vie et de la mort aux destins des civilisations. La décadence menace une civilisation quand elle trahit ses racines, quand elle perd son énergie ou sa volonté de puissance, cédant par exemple à la tentation du métissage. Selon un cycle inéluctable, les cultures deviennent civilisation ou, en d'autres termes, elles perdent leur authenticité pour, dirait-on aujourd'hui, se vulgariser. Tel est le cas quand l'esprit de marchandise ou de marchandage remplace l'héroïsme du conquérant. Si toutes les civilisations passent par émergences et déclins, alors l'individu en soi n'a plus qu'à trouver la meilleure manière de vivre ces aléas en cherchant dans le groupe une unité d'âme qui le lie au sol et au sang. Pour cette raison, la patrie mérite d'être protégée et défendue contre l'errance et contre tous les déracinements. Dès lors, la démocratie réelle, celle de l'argent, soutenue par le parlementarisme, devient l'ennemie de l'élite et des grands bâtisseurs.

Et si ce groupe est le peuple allemand, doté d'un héritage qui remonte aux « hautes races », le destin lui préserve un rôle particulier dans l'histoire du monde dont témoignent les génies de l'âme allemande : Herder, Goethe, Nietzsche, Hebbel, Wagner, Ibsen et même Marx, ceux qui ont compris que la vie est un combat. Hitler souscrit à cette vision belliciste et déclare en 1941[57] :

> La vie est cruelle. Naître, exister, disparaître, il s'agit toujours de mort. Ce qui naît doit mourir. Que ce soit de maladie, du fait d'un accident ou du fait de la guerre, ça n'y change rien.

Partageant cette certitude avec celui qui n'est encore que la tête d'un parti en formation, Spengler se prononce pour l'édification d'une religion sans métaphysique et pour un retour au droit naturel entendu comme expression de ce qui se passe au plan de la

[57] Cité dans E. Husson, *Quand et comment ils décidèrent de la « solution finale »*, Paris, Perrin, 2005, p. 127.

nature ou lutte pour la vie. Là, il anticipe les idées de C. Schmitt sur les sources d'un droit légitimé par la force.

Une religion a-métaphysique, car la métaphysique est une impossibilité dont l'objet dépasse les capacités de la pensée humaine. Il s'agit bien d'une religion faustienne qui dégage les esprits forts de toute entrave dans leur rôle de guides rédempteurs et qui prévoit, dans le développement de la technique, l'accomplissement de la volonté de puissance. Mais d'une religion quand même parce que, pense O. Spengler, le rêve guide la rationalité, le devenir guide le devenu, le virtuel guide le réel.

De toute évidence, ces idées sont reprises par Rosenberg, qui les reverse dans une religion de l'État « nazifié », et les oppose même à toute transition par un éventuel christianisme germanisé. Mais Rosenberg dénonce chez Spengler la faiblesse de l'analogie entre nature et culture, car, selon l'idéologue, s'il est vrai que les animaux et les plantes meurent, les espèces demeurent et trouvent leur équivalent dans les races humaines qui elles aussi affrontent le temps avec succès. De plus, le catastrophisme de Spengler n'est guère payant sur le terrain de la lutte politique.

Spengler était proche des thèses du parti nazi en pleine ascension, et on peut se demander ce qui l'a empêché d'adhérer franchement au parti. En fait, l'idéologue n'apprécie guère la vulgarité de tribuns qui ne peuvent être, à ses yeux, de véritables hommes d'État.

S'il reste du pessimisme dans cette philosophie, ou plutôt dans cette « idéologie » qui se prétend supérieure à toute philosophie, il faudra pour les idéologues conservateurs le redresser et réenchanter le peuple allemand. C'est la tâche que Nietzsche s'est attribuée, davantage encore quand à son tour il se désespère, comme Heidegger d'ailleurs, de la médiocrité de la « *Révolution conservatrice* » et de la vulgarité du nazisme hitlérien. Cette attitude de survol hautain est bien ce qui dérange Spengler chez Nietzsche et chez ses épigones.

Les idéologues, tels Paul de Lagarde, Houston Stewart Chamberlain ou Oswald Spengler sont hostiles à un christianisme de la charité ou de la contemplation, mais non à un christianisme de croisade qui retrouverait son élan grâce à la germanisation. Quant à Spengler, il évite la dérive raciale que Rosenberg ajoute à ses thèses et estime que le communisme n'est qu'une réaction nationaliste russe à la progression du libéralisme occidental. Il n'y voit aucune perspective d'avenir pour l'Allemagne.

La Ligue d'Artam

Fondé à Munich en 1923, ce mouvement d'extrême-droite aux accents ésotériques invite les jeunes à adopter la pensée *Blut und Boden* et sera récupéré par les nazis au sein de la Jeunesse hitlérienne. Ce mouvement révèle au sein des dignitaires nazis la présence d'une dimension ésotérique et occultiste que l'on retrouve dans la *Société de Thulé,* adoratrice d'Odin et de « l'arbre de vie », et compta parmi ses membres de futurs hommes politiques, tels Hitler, Rosenberg, Eckart, Hess...

Chapitre 3

L'évolution selon Darwin et son annexion par le nazisme

L'idéologie nazie finit par exploiter les implications sociales du darwinisme et rejoint une tendance philosophique dite « Philosophie de la vie ». Ce croisement confirme une politique nationale populaire dans la conviction qu'il faut exclure les éléments toxiques de la société. Les médecins allemands suivent sans beaucoup de scrupules une voie censée améliorer l'humanité. Il leur reste à trouver les techniques secrètes adaptées à un projet pharaonique sans trop émouvoir la communauté internationale. L'élimination des malades sera présentée comme un soulagement pour eux lors de l'Opération dite, selon son code, *T4*. Quant à l'Opération suivante (Inspection des camps de concentration, évaluation de leur rentabilité et gazage), elle s'inspirera des méthodes de l'Opération *T4* et veillera au transfert du personnel scientifique des hôpitaux psychiatriques aux camps de concentration.

Le nazisme, une biologie appliquée

La référence au darwinisme, chère au nazisme de Rosenberg, fait partie des appuis au racisme invoqués par une partie des scientifiques. Parmi les héritiers de Darwin, on peut dénombrer une série de doctrinaires antisémites dont l'autorité pèse sur le monde médical tel le français Jules Soury (1842-1915). Oublié aujourd'hui, il cumulait plusieurs spécialités : hébraïsant, élève de Ernest Renan[58] et de Michel Bréal[59], et fin connaisseur de Ernst Haeckel[60] (1834-1919), scientifique et philosophe évolutionniste, il fut même proposé à une chaire du Collège de France. Ses thèses accordent une énorme importance au rôle de l'inconscient, et annoncent immanquablement Freud et Lacan comme l'illustre l'une de ses expressions favorites : « *Es denkt in mir* », qui fait penser à la célèbre formule de Lacan, « Ça pense ». S'il n'avait été oublié, J. Soury aurait pu occuper dans l'histoire des idées françaises une place égale à celle de Bergson. C'est lui qui, en fin de vie, gagné par le sentiment de l'absurde, résume son itinéraire dans une formule un peu paradoxale « athée clérical de tradition catholique ». Extrapolant les règles darwiniennes de l'hérédité et de la sélection au corps social tout entier, il rejoint ceux qui pensent que la guerre en éliminant les faibles est le meilleur moyen de donner une sens héroïque à sa vie. Il sera le maître à penser de Maurice Barrès. Ce sont de telles croyances, conservatrices et peu fondées, qui poussent le brillant neurologue à adhérer au cliché du complot et de la menace potentielle que celui-ci ferait peser sur la race blanche. Ainsi J. Soury devint-il antidreyfusard par principe : dans son esprit tout Juif est par définition un judas. Dans leur radicalité, les conceptions antisémites de Soury anticipent le caractère absolu qu'elles vont prendre chez Rosenberg, et, bien avant Ernst Jünger[61], trouvent dans la

58 Ernest Renan (1823-1892), philosophe bien connu pour ses connaissances du monde sémitique et pour sa *Vie de Jésus*, paru en 1863 à Paris chez Michel Lévy Frères.

59 Michel Bréal (1832-1915), un des fondateurs de la sémantique linguistique, fut impressionné par la conférence d'Ernest Renan, biographie parue dans la *Revue politique et littéraire* en 1983 sous le titre « Le judaïsme comme race et comme religion ».

60 Ernst Haeckel ((1834-1919) a répandu le darwinisme dans les milieux allemands. Ses idées n'allaient pas jusqu'à l'eugénisme. En tant que libre-penseur, ses écrits ne servirent aux nazis que de références scientifiques mineures.

61 Ernst Jünger (1895-1998) est un soldat-écrivain, témoin précieux des Deux Guerres et auteur devenu célèbre d'essais comme *Les orages d'acier* ou *Le travailleur*. Traduit en français, il entre même dans « La Pleiade », prestigieuse collection de Gallimard. Il représente la ligne de pensée de la révolution conservatrice et par son talent a échappé aux foudres de la Gestapo qui voyait en lui un admirateur de la France. Il était proche de l'aristocratisme de Heidegger.

défense de l'honneur et du sol une parade à l'absurdité de la condition humaine.

De la France hygiéniste à l'Allemagne eugéniste

Avec Ignace Semmelweis (1818-1865) et Louis Pasteur (1822-1895), et dans une lutte intense contre la mortalité infantile, la tuberculose, l'alcoolisme et la syphilis, la médecine de la fin du XIXe siècle découvre l'importance de l'aseptie. La santé publique devient un objectif général de toutes les nations européennes. En même temps la colonisation de l'Afrique impose aux praticiens de relever nouveaux défis avec les maladies inconnues qui en résultent. De cette situation naît un courant de pensée, dit hygiéniste, qui tire de l'aventure coloniale l'idée que l'homme blanc risque d'être contaminé au contact de races inférieures qui menacent sa survie. Les hygiénistes allemands, pris dans la vague nationaliste, vont eux aussi se convaincre rapidement de la nécessaire purification aux fins de conservation de leur race « aryenne ».

Alfred Ploetz (1860-1940), médecin défenseur de l'idéologie eugéniste, fonde en 1905 la *Société allemande d'hygiène raciale* dont il confie la présidence à Ernst Haeckel, médecin, philosophe, diffuseur de la théorie de l'évolution et créateur du terme « écologie » ; cette société, qui compte environ un millier de membres, embrigade à son tour des psychiatres de renom dont Auguste Forel, directeur de 1879 à 1898 de la Clinique psychiatrique de Zurich. Il engage Carl Gustav Jung (1875-1961), l'élève hérétique de Freud. L'air du temps est bien à la destruction des inaptes, un projet encouragé encore par le juriste Karl Binding, par le psychiatre Alfred Hoche, et par Walter Darré, ce dernier membre influent du parti nazi. Or, en 1911, au Congrès international d'eugénisme de Dresde, ces médecins se heurtent à des féministes et à des hygiénistes sociaux. Les partis en présence amorcent de nombreux débats d'avenir sur les dangers d'une combinaison d'eugénisme, de racisme et de nationalisme qui pourtant ne freinent pas leur détermination. Il faut ajouter que dans l'opinion publique certains parents d'enfants handicapés ne sont pas hostiles à l'euthanasie.

Via les Congrès, dont celui de Londres en 1912, les savants allemands prennent contact avec tous les eugénistes européens. Ils se laissent gagner par l'obsession de la décadence raciale qui hante déjà les Chamberlain, Lebon, Soury, et Lapouge. L'idée de la formation d'une élite biologique fait son chemin. En 1923, l'Allemagne crée au sein de la faculté de médecine une chaire d'hygiène raciale pour éviter la reproduction des inaptes. En 1925, le psychiatre Robert Gaupp de Tübingen réclame lors du congrès des psychiatres allemands la stérilisation pour les criminels récidivistes. La chaire d'hygiène raciale est occupée par Ernst Haeckel (1834-1919), diffuseur des théories darwiniennes en Allemagne et fervent partisan d'une philosophie qui conteste le dualisme de l'âme et du corps. Haeckel devient la référence philosophique privilégiée du réseau formé par Alfred Ploetz, Ernst Rüdin, Eugène Fischer, Fritz Lenz, Otmar von Verschuer, et August Weismann[62]. Pour la promotion de la race nordique, l'initiative est laissée à Alfred Ploetz (1860-1940), également fondateur d'une société secrète raciste, d'approcher des personnalités comme l'anthropologue anglais Francis Galton (1822-1911). Ce dernier, parce qu'il est réputé avoir fondé l'eugénisme. Ce sont en 1920 K. Binding et A. Hoche qui vont jusqu'à préconiser la suppression (*Vernichtung*) des vies dites sans valeur.

Eugen Fischer (1874-1967), membre de la Société d'Alfred Ploetz, devient directeur en 1927 de *l'Institut de l'empereur Guillaume d'anthropologie*, l'organisme que Guillaume II créa pour encourager les recherches médicales, puis de génétique humaine et d'eugénisme de l'université de Berlin. Les professeurs de cet Institut furent récupérés par les nazis. E. Fischer s'est livré lui-même en Afrique à des expériences contestables sur des cobayes humains, expériences dont il a tiré la conviction que le mélange des caractères raciaux est néfaste en général, et davantage encore pour le sang allemand.

[62] R. Thalmann, A. Ploetz, E. Rüdin, Fischer, Fr. Lenz, O. von Verschuer sont les pionniers et en même temps les cautions scientifiques de l'« hygiène raciale », voir *Revue d'Histoire de la Shoah* 2005/2, n° 183, pp. 211-225.

Pour appuyer les fondements d'une raciologie, Fritz Lenz écrit une somme, *Hérédité humaine et eugénisme* (1932), suivie d'une autre, *La Race comme valeur : de la rénovation à l'éthique* (1936), essais dont la tendance extrapole les conséquences morales et les conséquences physiques d'une science de la race encore balbutiante. Pour ce scientifique, le fondement de l'éthique ne peut plus être l'individu, mais le Peuple comme formant un tout organique. Du coup, les éthiques du passé n'ont plus de raison d'être. L'Allemagne incarne elle-même l'humanité et la protection de sa valeur devient un impératif catégorique justifiant tous les excès. La conservation du pangermanisme justifie les moyens et le sentiment du devoir vis-à-vis de l'humanité, que l'on trouve chez E. Kant, est détourné en un devoir vis-à-vis du Peuple. En tant que conseiller de Rosenberg, la diffusion de la « nouvelle vision du monde », E. Fischer joue donc un rôle majeur dans la l'acceptation de l'élimination des « bouches inutiles. »

L'intervention de la science médicale, qui, on le voit, se nazifie aisément et le succès parmi les intellectuels de la « Philosophie de la vie » favorisent le recours à l'euthanasie pour les malformés. La justification médicale détermine la progression du nazisme vers l'extermination, comme l'analyse justement Zygmunt Baumann[63] :

> [...] bien avant de construire les chambres à gaz, les nazis, sur ordre de Hitler, tentèrent d'exterminer leurs propres compatriotes handicapés mentaux ou physiques au moyen de ce que l'on qualifia hypocritement d'euthanasie', et de cultiver une race supérieure au moyen de la fertilisation organisée des femmes de race supérieure (l'eugénisme). Tout comme ces tentatives, le massacre des Juifs fut une opération qui s'inspirait d'une gestion rationnelle de la société. Et d'une tentative systématique pour mettre à son service l'attitude, la philosophie et les préceptes de la science appliquée.

Hitler disait lui-même que le nazisme était de la biologie appliquée. La *Société de l'Empereur Guillaume,* à la pointe de la science,

[63] Z. Baumann, « *Modernity and Ambivalence* », lthaca, N. Y, Cornell University Press, p. 240. Zygmunt Baumann (1925-?) fut engagé à 19 ans dans l'armée polonaise soviétique, puis devint militant majeur du parti communiste, avant son exil en 1968.

réunissait des anthropologues depuis longtemps antisémites, si bien qu'en 1933, l'ordre d'expulser le personnel juif ne souleva aucune vague et que l'ordre médical se mit entièrement au service du gouvernement nazi.

En contrepoint critique aux positions des hygiénistes et de Rosenberg, on trouve aux États-Unis un philosophe kantien, Josiah Royce, lecteur de Schopenhauer, qui, dans son débat autour du rôle général des guerres dans l'Histoire, dénonce la pertinence même de la notion de race et surtout l'usage de la guerre pour vitaliser la race. Apportant sa contribution à la question de la loyauté, si chère à Rosenberg et à Goebbels, J. Royce invoque le principe kantien du devoir et le reformule en terme de loyauté envers l'humanité. Car une loyauté qui force autrui à la violence se retourne contre elle-même[64].

Hitler, fort de ses lectures du manuel *Baur-Fischer-Lenz* et encouragé par la conversion facile du corps médical, s'empresse en juillet 1933 de mettre en place une campagne efficace de stérilisation des handicapés[65]. La loi du 14 juillet 1933 (élaborée par les Docteurs Arthur Julius Gütt et Ernst Rüdin) oblige une stérilisation forcée des porteurs de maladies héréditaires (mentalement faibles, sourds héréditaires, handicapés physiques, alcooliques...). Deux cent cinq tribunaux sont chargés d'examiner les cas, dix-

64 G. Bournique, *La philosophie de Royce*, Paris, Vrin, 1988.

65 On estime à quatre cent mille ceux qui en furent victimes entre 1933 et la fin de la guerre. Les premières chambres à gaz furent mises en place pour débarrasser l'Allemagne de ceux dont la vie était jugée inutile. Hitler confia à son médecin personnel, Karl Brandt, d'enquêter sur la maladie mentale et à Philipp Bouhler de déclencher le processus d'élimination des incurables, appelé Action *T4* du nom de la *Tiergartenstrasse* où s'était installée, l'organisation appelée pudiquement *Comité pour le recensement scientifique des maladies héréditaires et congénitales graves*. Les maternités sont averties du devoir de signaler les enfants de trois ans porteurs de malformations ou de pathologies mentales. Brandt fut condamné à mort et pendu en 1948, alors qu'Eugen Fischer, mentor de Mengele et sans doute protégé par sa réputation de scientifique, ne fut pas inquiété par les autorités occupantes, ce qui est un comble. Brandt lia avec Heidegger une amitié sans failles et eut comme élève un racialiste inconditionnel jusqu'à son décès, Hans F.K. Günther, dont il a été question plus haut. Ce dernier fut l'invité de *l'Institut pour la question juive*, dirigé par Rosenberg, pour présenter une conférence sur l'avenir des Juifs.

huit cours de justice d'étudier les dossiers d'environ quatre cent mille hommes et femmes. Il faut y ajouter la castration d'un millier de criminels sexuels mâles, coupables de viol, de pédophilie ou d'exhibitionnisme qui s'additionnent à l'élimination des métis et des Tziganes, métis par définition[66]. Le programme d'élimination menace donc en premier les enfants malformés, ensuite les adultes avec comme prétexte la libération de lits pour les militaires blessés au combat. Il en est prévu septante mille. La collaboration idéologique de la « nouvelle » science avec la politique d'extrême-droite aboutit en 1935 aux programmes de stérilisation des handicapés, asociaux, criminels, homosexuels, Juifs, Tziganes et Noirs. Et en 1939 au programme d'extermination de cinq mille enfants éliminés par excès de sédatifs et de produits toxicologiques.

En 1941, comme ces éliminations commencent à inquiéter les autorités ecclésiastiques et l'entourage des victimes, le 21 août 1941, Hitler donne l'ordre d'interrompre *l'Aktion T4*. Mais dès 1940, cinq mille Juifs ont déjà été englobés.

Les médecins nazifiés sont en quelque sorte le bras armé de Hitler et de Rosenberg qui en ont besoin pour planifier, à savoir : évaluer, estimer, sélectionner les individus anormaux ou de race inférieure. Nombre de pédiatres sont impliqués dans l'élimination des enfants et des aliénés. Les hôpitaux pédiatriques collaboraient avec les hôpitaux psychiatriques et les deux avec les centres de mise à mort. Fournissant la preuve d'une science déviante, certains médecins exploitèrent après-guerre et sans le moindre soupçon d'humanité le « matériel du Comité du Reich », entendons les cerveaux d'enfants, dans les exposés à destination de leurs confrères neurologistes.

Si Hitler s'est servi des hygiénistes pour appuyer les fondements scientifiques du nazisme, il dissimula – avec un cynisme incroyable – une autre idée qu'il avait pour résoudre une fois pour toutes la question juive. On la devine.

[66] Ces chiffres sont rapportés par Y. Ternon dans la *Revue d'Histoire de la Shoah*, Memorial de la Shoah, 203/2, n° 199.

L'extension du programme

Le programme s'étend à la purification ethnique des territoires récemment occupés à l'Est selon les plans d'expansion de Hitler, ce qui impose à la Pologne de surmonter un défi énorme tel que sceller le sort de 15 millions de « dégénérés ». Le *Bureau central de la race et de la colonisation* était chargé d'opérer par un examen bio-racial la sélection entre Allemands ou Polonais valides et non valides. Le *Bureau central de la Sécurité du Reich* devait s'occuper du recensement des Juifs et de leur extermination. Les deux organismes se trouvaient souvent en conflit parce que l'examen bio-racial placé sous la responsabilité de scientifiques prenait du temps, alors que la *SS* voulait se contenter d'un regard « expérimenté » pour accélérer l'extermination. Les psychiatres furent engagés pour repérer les « personnes étrangères à la communauté », en fait à repérer les opposants allemands éventuels. Les théoriciens majeurs de la politique d'extermination, tous médecins, H. W. Kranz (1897-1945), Sigmund Koller (1908-1988) ou Otmar von Verschuer (1896-1969) se trouvaient devant l'obligation de recenser environ un million de personnes. Le docteur R. Ritter (1901-1951), d'abord psychologue pour enfants, fut nommé directeur du Centre de Recherche sur l'hygiène raciale et la biologie démographique du ministère de la Santé. Il avait à examiner et à se charger de trente mille Tziganes. Entre les psychiatres et la *SS* la coordination ne se faisait donc pas aisément, un argument dont les psychiatres se servirent après-guerre pour se disculper. *T4* servit de modèle à la stratégie d'élimination des Juifs inaptes. Sous la direction de Christian Wirth et des spécialistes du gazage, des chambres sont construites à Belzec où le premier gazage a lieu le 12 mars 1942. Suivirent Sobibor et Treblinka, et l'extension d'un système jugé performant, peu coûteux et transférable à tous les camps. L'Institut d'hygiène *SS* se chargea, au gré des problèmes génétiques abordés, et, en toute impunité, des expérimentations *in vivo* en collaboration avec les grands groupes pharmaceutiques IG Farben, Behringwerke et Bayer Leverkusen.

Les éminents physiciens Philippe Lenard et Johannes Stark, son disciple jusque dans l'antisémitisme, opposent sans hésitation l'idée d'une physique nazie à celle d'une physique juive dont le modèle n'est autre qu'Albert Einstein. Rosenberg leur emboîte le pas quand il salue devant le Führer en la personne de Philippe Lenard un excellent opposant à la science juive faite, selon lui, de « dogmatisme abstrait et de fatras pseudo-logique[67] ».

Bilan d'une criminalité presque passée sous silence

Dans *La culpabilité allemande,* essai rédigé rapidement après la chute en 1948, Karl Jaspers n'a malheureusement pas étendu son réquisitoire au rôle barbare joué par les raciologues « scientifiques » et par les médecins de l'Opération *T4* qui ont très rapidement adhéré à une image de l'histoire du monde fondée sur le darwinisme social et en ont tiré comme conséquence la suppression des handicapés et des fous. Le 30 octobre 1943, les Alliés, émus par les rapports accablants concernant les éliminations, signent à Moscou un engagement à poursuivre et à châtier les criminels de guerre après le retour de la paix. Cette déclaration est à la source de la juridiction de Nuremberg où le procès de 22 dignitaires du parti nazi s'ouvre le 20 novembre 1945.

Le déroulement du procès des médecins de Nuremberg

Le procès comporte vingt-trois accusés, dont vingt médecins. Il brilla pour son modèle d'organisation qui recruta trente-deux témoins présentés par l'accusation, cinquante-trois témoins par la défense, et quatorze-mille-septante-et-un documents rassemblés.

Le procès commence le 9 décembre 1946 en zone d'occupation américaine. Les chefs d'inculpation apportent des preuves supplémentaires à la dérive éthique du corps médical allemand. Les enquêteurs américains pressés par le temps et placés devant la difficulté de réunir les intéressés et de combler la destruction

[67] *Discours* du 14 septembre 1936, cité dans M. Weinreich, *Hitler et les professeurs,* Paris, Les Belles Lettres, 2013, p. 16.

des documents sont loin d'être parvenus à l'arrestation de tous les complices.

- Onze des inculpés sont accusés pour avoir sacrifié 200 déportés de Dachau dans le but de tester la résistance des êtres humains à haute altitude. Les cobayes étaient enfermés dans des chambres de dépression jusqu'à ce que mort s'ensuive : 3 accusés sur 11 sont déclarés non coupables ;

- dix accusés comparaissent pour avoir pratiqué des expériences sur la résistance au froid avec des détenus de Dachau : quatre médecins sont déclarés coupables sur dix ;

- onze accusés pour les expériences visant à rendre potable l'eau salée : six coupables sur onze ;

- treize accusés pour les expériences à Buchenwald sur le typhus et maladies virales apparentées. Mille déportés ont été soumis à ces expériences ; cent-cinquante en sont morts. Quant à la guerre bactériologique, même si H. Himmler et certains médecins sont prêts à encourager les recherches, Hitler s'y oppose et l'Armée rouge en empêchera la mise en pratique ;

- onze accusés pour avoir participé aux expériences sur l'ictère infectieux à Sachsenhausen et à Natzweiler ;

- treize accusés pour les expériences effectuées à Ravensbrück. Ils se proposaient d'évaluer l'efficacité thérapeutique des sulfamides sur les blessures des combattants pour éviter la gangrène. Pour infecter les plaies, ils infligeaient des blessures. Ces médecins ont essayé des transplantations sur des sujets sains, ce qui signifiait en fait leur broyer les os et expérimenter des prothèses diverses ou procéder à des ablations de parties de membres ;

- huit accusés comparaissent pour les expériences de stérilisation à Auschwitz et Ravensbrück. Il s'agissait de conserver deux à trois millions de Juifs ou les trois millions de bolcheviques aptes au travail forcé, tout en les empêchant de se reproduire. Plusieurs procédés sont présentés à H. Himmler, dont un produit fabriqué par la firme Madaus, soi-disant efficace et discret : trois coupables sur huit ;

- deux accusés comparaissent pour avoir collectionné des squelettes juifs obtenus grâce à l'exécution de cent-douze déportés juifs ;
- quatre accusés comparaissent pour avoir collaboré au programme d'euthanasie *T4* ;
- trois accusés comparaissent pour évaluer l'efficacité des traitements sur les phlegmons de prêtres polonais ;
- trois accusés comparaissent pour avoir tenté de prouver l'efficacité du *Polygal*, un anticoagulant.

Les dossiers et les rapports d'autopsie qui accompagnent les chefs d'inculpation révèlent à la fois une incroyable minutie qui s'exerce dans l'observation des souffrances auxquelles les cobayes humains sont exposés et la totale absence d'empathie des experts ou de doute sur la licéité de leurs actes eu égard à la déontologie médicale. Certaines expériences sont même inutilement forcées, ce que prouvent les témoignages des contre-experts. Les victimes survivantes et porteuses à vie des séquelles suite aux expérimentations n'ont pas été épargnées par des avocats, eux-mêmes parfois ex-nazis, qui se sont ingéniés, sous des prétextes divers, à mettre en doute leurs déclarations. La défense a notamment fait planer le doute sur leurs capacités intellectuelles ou sur leur santé mentale.

Pour cause d'efficacité, les expériences sur l'usage des sulfamides ont été jusqu'à imposer que des blessures analogues aux blessures de guerre soient infligées aux détenus et que la gangrène leur soit injectée. Ce type de traitement fut infligé à des Polonaises dont certaines eurent le courage de témoigner au procès. Parmi d'autres, Herta Oberheuser (1911-1978), une dermatologue, qui avait travaillé sous la direction du Dr Karl Gebhardt (+1948), le médecin personnel de H. Himmler, furent impliqués. Elle procéda à des injections létales sur des Polonaises et sur des enfants qui lui coûtèrent une condamnation de vingt ans pour crime de guerre et pour crime contre l'humanité. Mais elle fut libérée dès 1952 pour bonne conduite.

Des expériences sur le paludisme ont été conduites à Dachau sur 1084 déportés. Le médecin-chef du service de santé de la Wehrmacht, Siegfried Handloser, accepta d'endosser une partie des responsabilités. Il fut condamné à la prison à vie. Mais sa peine fut réduite à vingt ans en 1954 et il fut aussitôt libéré.

Les arguments de la défense

- Le procès est celui des vainqueurs ; il est donc commandé par la force.
- Le serment d'Hippocrate est obsolète. Karl Gebhardt invoque la relativité des valeurs.
- L'argument de l'obéissance aux ordres : Himmler est le vrai responsable.
- Il est impossible de juger des actes sous un régime totalitaire. Les médecins en guerre sont comme des soldats qui doivent obéissance.
- Les Américains ont effectué des expériences analogues. La cruauté allemande n'est que l'autre face de la cruauté russe.
- Les expérimentateurs sont des hommes de qualité qui ont exercé de hautes fonctions et contribué avant l'ère nazie à de nombreuses missions humanitaires.
- Les médecins allemands ont contribué au bien-être de l'humanité là où les expériences animales étaient défaillantes.
- Les détenus qui ont participé aux expériences ont en fait bénéficié du droit de se racheter et se sont sacrifiés pour la patrie comme des soldats.

Les exécutés

- Karl Brandt, médecin personnel de Hitler, Reichsleiter, Médecin général SS ; il participe, associé à Bouhler, au programme d'euthanasie *T4*. Il est accusé pour les expériences de l'eau potable et pour les expériences sur les ictères et sur les sulfamides
- Karl Gebhart, médecin personnel de Himmler. Il participe aux expériences sur l'hypothermie et sur la stérilisation.
- Waldemar Hoven, a participé au programme d'euthanasie *T4*.
- Viktor Brack a participé à l'action *T4*.
- Rudolf Brandt, participe aux expériences sur les ictères et sur les sulfamides.
- Joachim Mrugowsky, a organisé des expériences sur les sulfamides, sur l'ictère infectieux et sur les brûlures au phosphore.
- Wolfram Sievers a participé à des expériences sur le Polygal au cours desquelles il tirait directement sur les cobayes pour prouver l'efficacité du produit sur les hémorragies.

Les condamnés à des peines d'emprisonnement

Tous les accusés ont bénéficié d'amples réductions de peine. Personne n'a accompli sa condamnation à vie : F. Fischer, médecin de Ravensbrück, a déjà été relâché en 1954 et a été embauché dans l'industrie chimique Bohringer. G. Rose, condamné à la prison à vie, est libéré en 1955. O. Schröder voit sa condamnation à prison à vie réduite à 15 ans. H. Becker-Freyseng, ses vingt ans sont réduits à dix. Pour K. Genzken, la prison à vie est réduite à huit ans. W. Beiglböck, qui a conduit les expériences sur l'ingestion de l'eau de mer à Dachau pour la Luftwaffe, ses quinze ans sont réduits à cinq. GH. Poppendick, le spécialiste des expériences sur les phlegmons et sur le Polygal, ses dix ans sont ramenés à cinq.

Les médecins acquittés

Ceux qui sont acquittés ont fait valoir qu'ils voulaient obtenir des résultats pour sauver des pilotes ou des soldats et avaient demandé, de manière à rencontrer les ordres pressants de Himmler, la sélection de « criminels » pour faire leurs expériences sur des humains. Les expériences sur le typhus, maladie inoculée à des détenus de Buchenwald, devaient conduire à l'expérimentation de nouveaux vaccins. Certains médecins invoquent pour leur défense le fait que la finalisation de ces vaccins aurait pu sauver des détenus : H. W. Romberg, K. Schäfr, K. Blome, A. Pokorny, G. A. Weltz, P. Rostock.

Une telle clémence est injustifiable. Mais la renommée des accusés et surtout la raison d'État et l'esprit de pacification ont pris le dessus sur toute autre considération.

D'abord les inculpés ont été fort bien défendus par vingt-sept avocats. Comme lors du procès des responsables politiques et militaires, il existait un vide juridique pour ces médecins-soldats qui en tant que tels se doivent d'obéir aux ordres. La chaîne de commandement pouvait être invoquée pour justifier des malentendus ou pour tout renvoyer à la responsabilité de H. Himmler. Une bonne partie des témoins potentiels avaient disparu et les autres pouvaient être malmenés sur leurs déclarations par la Défense, pour rappel, vingt-sept avocats. Tout le monde avait encore en tête les exactions de l'Armée rouge, mais l'argument, preuves matérielles à l'appui, qui disait que les États-Unis et le Royaume-Uni avaient aussi expérimenté sur des indigènes dans la préparation d'une guerre biologique, fit sensation. Enfin les Américains, engagés dans la Guerre froide, voulaient séduire l'opinion publique allemande et ne pas trop insister sur les condamnations.

De 1946 à 1949, la justice allemande, en collaboration avec les Alliés, se montre sévère pour les criminels de guerre et les condamnations à mort ou à la détention perpétuelle sévissent. En 1949, la RFA reconnut difficilement la participation effective des médecins et des scientifiques aux opérations d'assainissement de la race, mais les exécutants du programme racial profitent de la Guerre froide pour se faire oublier et même reprendre leurs activités d'avant-guerre comme les directeurs d'asile. Pour aller dans le sens de l'oubli, ils bénéficièrent de la complicité bienveillante de leurs collègues européens, de l'opinion publique et des autorités politiques. Tout relevait, disaient-ils, d'un égarement d'un petit nombre et non de la science dite « pure ». Par ailleurs, les résultats de leurs expériences inhumaines intéressaient aussi les services secrets alliés, même si certaines d'entre elles avaient été falsifiées pour les rendre conformes au programme de H. Himmler.

L'avenir de ces médecins

Les acteurs scientifiques de l'épuration ethnique rencontrèrent des fortunes diverses. Karl Astel, devint Recteur de l'Université d'Iéna ; Max de Crinis, directeur de la clinique psychiatrique de Berlin ; August Hirt, directeur de l'Institut d'anatomie de l'université de Greifswald, puis de Strasbourg, chargé de conserver les crânes de commissaires judéo-bolcheviques et Werner Heyde, brillant psychiatre, chef de l'opération *T4*, (il sévit à Buchenwald, Dachau, Sachsenhausen) choisirent le suicide.

La plupart des psychiatres ne furent pas inquiétés. Otmar von Verschuer, le supérieur qui supervisait les expériences de Mengele depuis Berlin ; Eugen Fischer dont il a été question ; Fritz Lenz, spécialiste de l'hérédité et collaborateur de Fischer ; Friedrich Panse, psychiatre et neurologue ; Ernst Rüdin, directeur de *l'Institut Kaiser Wilhelm*, et bien d'autres encore… retrouvèrent paisiblement leurs chaires universitaires. Mengele, comme on sait, échappa à toutes les poursuites comme bien d'autres qui bénéficièrent des filières sud-américaines ou qui parvinrent à survivre sous un faux nom. Il est à retenir que pas mal d'entre eux se réintégrèrent aux États-Unis.

D'autres furent moins chanceux et eurent besoin d'appuis et de solidarités, tels Wolfgang Abel et B.K. Schultz. Le premier appartenant à l'Institut de biologie raciale de la *Deutsche Hochschule für Politik* avait stérilisé des enfants ; le second, Schultz, était au RUSHA (*Rasse-und-Siedlungshauptmann* ou *Bureau pour la race et le peuplement* qui devait éviter les mariages interraciaux) directement sous les ordres de Otto Hoffmann et avait proposé la stérilisation des handicapés et des malades.

Chapitre 4

Échos à Rosenberg

L'*opus magnum* de Rosenberg, *le Mythe,* est un fouillis où se côtoient vraie et fausse érudition et qui n'hésite pas à solliciter quelques grands noms de la philosophie allemande, Emmanuel Kant, Friedrich Schleiermacher, Arthur Schopenhauer, Ernst Krieck, Ludwig Klages... Il flatte ses contemporains nazis, mais inflige au lecteur un décryptage difficile. La question est de savoir si, dans son épaisseur de 700 pages, l'ouvrage rencontre un succès effectif et en priorité auprès du Führer dont on sait qu'il possédait une bibliothèque personnelle abondante. En ce qui concerne la presse nationale ou internationale, elle est tenue en laisse par J. Goebbels.

La réception du *Mythe* par Hitler

Dans sa jeunesse, Hitler, de naissance catholique, éprouvait une véritable admiration pour le dogme catholique. Devenu homme politique, il continuait à admirer, dans l'affirmation permanente de ce dogme à travers le temps, une stratégie payante pour l'expansion du nazisme. Et avec l'Inquisition et l'antisémitisme séculaire du christianisme, Hitler détenait un bon prétexte pour renvoyer le Vatican à ses propres politiques répressives. À Vienne, il adhéra au mouvement pangermaniste et antisémite de Georg von Schönerer qui, passé du protestantisme au nazisme, brandit le slogan « *Los von Rom* ». C'est déjà vers 1908 qu'il éprouva comme Rosenberg et les autres propagandistes du mythe aryen, une aversion contre l'Église catholique qui, comme pour Rosenberg et les autres propagandistes du mythe aryen, allait à l'encontre des grands modèles mythiques germaniques. À la suite du journaliste antisémite, il mettait sa confiance dans les théories fumeuses du complot d'une juiverie universelle, défendue dans *Les protocoles des Sages de Sion* (1901), et plus encore dans l'idée d'une infection du capitalisme et du communisme par les Juifs. Comme Rosenberg encore, il proclamait dans ses discours des années 1920 que le Christ était un héros solitaire, ennemi des Juifs. Il ne retenait des Évangiles que la figure du Christ vengeur qui chasse les marchands du temple[68].

Même si on ne sait pas grand-chose des lectures de Hitler, qui possédait une bibliothèque de deux mille cinq cents volumes, on est en mesure de constater que les choix du dictateur se limitent à de la littérature nationaliste et raciste, celle qui s'épanouit à la fin du XIXe siècle. Il lit Houston Stewart Chamberlain ; il annote avec enthousiasme les essais antisémites de Paul de Lagarde ; il tient enfin pour une œuvre majeure *Le Juif international* et *Le problème du monde* de Henry Ford, le constructeur automobile bien connu.

Pour les spécialistes qui se sont penchés sur la difficile généalogie de *Mein Kampf*, essai idéologique et politique qui cite peu ses sources, il apparaît que ce sont les articles de Rosenberg plus que sa philosophie de l'Histoire qui furent lus et approuvés par Hitler[69]. Certains affirment même qu'Hitler doit à Rosenberg les passages de *Mein Kampf* consacrés à l'antisémitisme. Rosenberg serait donc une référence de premier plan dans la fondation du premier principe d'une théologie néo-païenne : user du mal pour séparer les élus des damnés comme le fait[70] Dieu :

> Si aujourd'hui je fais du mal aux Russes, c'est pour ne pas leur donner l'occasion de nous faire du mal à nous. Dieu n'agit pas différemment. Il jette brusquement les masses humaines sur la terre et il laisse à chacun le soin de faire son salut. Les hommes

[68] Cf. E. Gentile, *Pour ou contre César,* Paris, Aubier, 2013, p. 241. Rosenberg avait été inspiré par Ernst Bergmann, (1881-1945), un philosophe partisan d'une religion nationale et fervent eugéniste.

[69] Cf. par exemple dans *Revue d'histoire de la Shoah*, n° 208, mars 2018, la contribution de Roman Töppel qui a collaboré à l'édition critique de *Mein Kampf* (2012-2015), pp. 27 à 56.

[70] *Discours du 23 septembre 1941*, cité par E. Husson, *Quand et comment ils décidèrent de la solution finale*, Paris, Perrin, 2005, p. 132.

se dépossèdent les uns les autres, et l'on s'aperçoit en fin de compte que c'est toujours le plus fort qui triomphe. N'est-ce pas là l'ordre le plus raisonnable ? S'il en était autrement, rien de bien n'eût jamais existé. Si nous ne respections pas les lois naturelles, en nous imposant par le droit du plus fort, un jour viendrait où les animaux sauvages nous dévoreraient à nouveau – puis les insectes mangeraient les animaux sauvages, et finalement seuls les microbes subsisteraient sur la terre.

Le voilà assuré d'un fondement qui associe eugénisme, darwinisme social et génocide à l'image d'un Dieu garant de la loi du plus fort, principe fondateur du droit nazi.

Mais, même après sa lecture de l'essai de Rosenberg et de la stratégie d'agression qu'il propose, Hitler reste prudent[71] quant à la question religieuse :

> C'est exact, je me sens lié à Herr Rosenberg, mais pas à l'auteur du livre du *Mythe*. Lors de la même année 1943, le Führer se prononça pour soutenir momentanément les croyances traditionnelles, car il ne s'agissait pas de diviser les Allemands sur des questions religieuses : « On peut se demander si la disparition du christianisme entraînerait la foi en Dieu. Cela n'est pas souhaitable. La notion de divinité donne à la plupart des hommes l'occasion de concrétiser le sentiment qu'ils ont des réalités surnaturelles. Pourquoi détruirions-nous ce merveilleux pouvoir qu'ils ont d'incarner le sentiment du divin qui est en eux ?

Dans sa préface au *Mythe*, Rosenberg peut donc écrire, mais prudemment pour éviter toute rivalité avec le clan rapproché du Führer, que son essai propose un exposé de ses propres idées et non de celles du programme du parti. D'ailleurs, les membres de ce dernier, peu amateurs de l'étalage brouillon d'érudition de son auteur, distribuent le livre de Rosenberg sans y attacher trop d'importance. Pour le peuple, *Mein Kampf* (tiré à 9 millions d'exemplaires) était intellectuellement moins confus, moins ombrageux et plus utile comme programme de prise de pouvoir. Le coup de génie de Hitler a été de ne pas suivre Rosenberg dans son empressement à

[71] Cité par R. K. Wittman et D. Kinney, *Le Journal du diable*, Paris, Michel Lafon, 2016 ; Pockett, n° 16890, p. 243.

détruire les Églises et à imaginer le stade intermédiaire de la fondation d'une Église nationale qui pouvait rencontrer l'adhésion d'une bonne partie de la population, toujours hésitante sur ce point et particulièrement en Bavière.

Le néo-paganisme à l'œuvre

Rosenberg voulait, et Goebbels également, une attaque frontale des religions pour épurer le Reich de leurs illusions et de leur soutien aux faibles. Dans le *Mythe*, il écrit[72] :

> Aujourd'hui pour résister à l'ambition romaine et à l'internationale juive alliées, il faut avoir un mythe, créer un type, et sur ce type construire l'État et organiser la vie.

Hitler se montre plus stratège en temporisant et en attendant que les fractures entre religions se fassent toutes seules. Grâce à la conclusion du pacte germano-soviétique d'août 1939, il obtient ce qu'il désirait et remet à plus tard une dissolution complète de ces Églises. -

Le rapprochement stratégique d'Hitler avec la Russie soviétique ébranla l'auteur du *Mythe* qui s'étonnait qu'un tel accord avec l'ennemi idéologique mortel de l'Allemagne fût possible. Avec pas mal de flair, il redoutait les réactions de Winston Churchill, qui refusera au bout d'affrontements verbaux véhéments effectivement tout compromis avec Berlin. Mais des tractations avaient eu lieu pour édifier un axe Londres-Rome-Berlin et Rosenberg avait de bonnes relations avec les délégations du Royaume-Uni[73]. Cette alliance n'était pas illusoire, compte tenu de l'appui de l'entourage d'Édouard VIII et de son épouse Wallis Simpson qui entretenait des liens personnels avec Joachim von Ribbentrop, fort de l'appui d'Oswald Mosley à la tête du fascisme anglais et de ses complicités dans certains milieux d'affaires britanniques.

[72] A. Rosenberg, *Le Mythe du XXe siècle*, Ungraindesable, p. 529 ; accessible sur E-Book.

[73] Voir L. Dupeux, *Aspects du fondamentalisme national en Allemagne de 1890 à 1945*, Strasbourg, Presses universitaires, 2001, p. 225.

La réception du *Mythe* par l'Église catholique

Dans son compte rendu de la journée du 26 décembre 1934, Rosenberg mentionne que le tirage du *Mythe* monte à deux cent cinquante mille exemplaires. Il se réjouit de la fureur de *l'Osservatore Romano* et prépare sa riposte. Il sait que certains dans les milieux religieux l'appellent le « cannibale sanguinaire ». Dans ses relations complexes avec l'Église allemande, la hiérarchie catholique se trouvait durant la Guerre mondiale dans une position paradoxale. En vain venait-elle de tenter de jouer un rôle de médiatrice entre les belligérants au risque de paraître déloyale vis-à-vis des États chrétiens. Mais le *Syllabus* de 1864 campait sur ses positions face à deux ennemis « objectifs », la modernité dans deux de ses aspects : le bolchevisme et la libre-pensée ; elle les avait condamnés tous deux. Malgré leur souci de préserver les vies combattantes, les propositions de paix du Saint-Siège furent refusées par les deux camps qui cherchaient de concert à obtenir une caution morale pour sur base d'une guerre commise par une agression réciproque de la France et de l'Allemagne. Vis-à-vis de la démocratie et de la République de Weimar, les Églises catholiques et leurs homologues protestantes étaient pour le moins sceptiques, mais, bénéficiant d'un statut d'égalité vis-à-vis de sa consœur, l'Église catholique y voyait occasion de progresser, et trouvait un appui dans Mgr Ludwig Kaas (1881-1952), membre éminent du *Zentrum*[74] à tendance catholique-conservatrice. Sur base de l'antibolchevisme et du nationalisme et, faudrait-il ajouter, d'un antisémitisme séculaire, un terrain d'entente avec le nazisme pouvait éventuellement être trouvé pour la création d'un germano-christianisme. Confirmant la persistance de cet antisémitisme séculaire, un prêtre catholique, le père Charles Coughlin, influent

[74] *Le Zentrum*, de tendance chrétienne, joue un rôle éminent dans le soutien de la République de Weimar. Avec Mgr L. Kaas à sa tête, il prend une allure très conservatrice et se soumet progressivement aux menaces du NSDAP pour finir par apporter à Hitler les pleins pouvoirs par la loi de 1933. Dans la perspective de la réussite d'un Concordat, le nouveau président Heinrich Brüning propose la dissolution spontanée du parti qui survient le 5 juillet 1933.

sur les ondes, pouvait encore, en 1948 aux États-Unis et malgré la défaite nazie, affirmer dans un sermon[75] :

> Quand on en aura fini avec les Juifs, ils penseront que ce qu'ils ont subi en Allemagne n'était rien.

Les États-Unis n'échappaient ni à l'antisémitisme et encore moins au racisme[76], encore bien présent après la guerre jusque dans les cercles estudiantins.

Les succès électoraux d'Hitler inquiétèrent avec raison la hiérarchie religieuse qui maintenait, malgré ses propres divergences idéologiques internes, des possibilités d'ouvertures. Il est évident qu'en raison du contenu des idées de *Mein Kampf*, le rapprochement ne pouvait qu'être tactique, car, sur le fond, il revenait en fait pour le Vatican à trahir sa théologie et sa philosophie humanistes. Il fallait manœuvrer, pour conserver au milieu de la répression la survie de l'Institution. Rosenberg indisposait Hitler qui préférait l'usage d'une tactique plus souple, laquelle s'est révélée finalement astucieuse parce qu'elle a divisé aussi bien les protestants que les catholiques.

Le dictateur pouvait diviser pour régner en comptant dans les rangs catholiques sur le nationalisme et sur le patriotisme de certaines personnalités ecclésiastiques et, répétons-le antisémites. Ainsi en fut-il d'un ami de Rosenberg, de l'abbé Alban Schachleiter, collaborateur du *Völkischer Beobachter* [77] qui prétexta dans un article du 15 février 1933 qu'Hitler avait lui-même affirmé qu'il était chrétien et que le christianisme (positif) était un des fondements des valeurs allemandes. Hitler pouvait aussi compter sur la peur du danger communiste, aigüe chez le Pape Pie XI, qui, le 13 mars 1933, l'avait félicité pour sa participation à la lutte contre cette idéologie. Néanmoins, et sans doute pour éviter de compromettre le Concordat de juillet du même mois, Mgr Michael von Faulhaber, lui aussi antisémite, s'en prit violemment dans ses

[75] Cité par R. K. Wittmann, *Le journal du diable*, Paris, Michel Lafon, 2016, p. 341.

[76] Cf. T. W. Adorno, *Études sur la personnalité autoritaire*, Paris, Allia, 2007.

[77] Pour cette question, Cf. K. Schoder, *Die Kirchen und das Dritte Reich*, 2 Bde, Frankfurt/M. 1977-1985.

Sermons sur l'Avent au *Mythe*. L'essai de Rosenberg présentait, à l'évidence, une conception inacceptable de Jésus et condamnait de manière inconsidérée l'Ancien Testament. Mgr M. Faulhaber s'opposait au nationalisme allemand, fauteur de guerre, et composa en 1937 avec Mgr Clemens Von Galen, surnommé le « lion de Münster », le brouillon de *Mit brennender Sorge* (*Dans une brûlante inquiétude*) qui condamnait la politique raciste. Concrètement il ne donna sa protection qu'aux Juifs convertis. Pour la suite, la politique de Mgr M. Faulhaber, fut devant plus fort que lui, plutôt ondoyante.

Quant à Mgr von Galen, sa réputation auprès des Münsterois le protégea de la censure nazie et lui permit de s'en prendre à l'idée de la supériorité de la race et à l'eugénisme qui peut en découler. Il publia une étude qui énumérait les inexactitudes historiques du *Mythe* et s'appuyait pour son argumentation sur l'historien Wilhelm Neiss. Les *Carnets* de Rosenberg révèlent que ces interventions gênaient la politique anticatholique du Führer et de ses conseillers.

La guerre idéologique fut menée rondement sous l'initiative de Rosenberg qui s'allia avec la *Jeunesse hitlérienne* pour se lancer dans des pamphlets antireligieux. Il proposait un programme de conversion au nazisme réservé aux officiers de la Wehrmacht. Comme Hitler, il pensait que le christianisme n'était plus en mesure de lutter contre le bolchevisme. Du côté catholique, la difficulté de trouver une réponse commune avec les protestants au nazisme et les persécutions des réfractaires au régime forcèrent l'Église catholique à se mettre en réserve, laissant au bas clergé le choix d'apporter individuellement une réponse adéquate selon les circonstances.

La « déjudaïsation » du Christ par l'Église protestante

En soumettant les textes de la Bible aux rigueurs de la critique philologique et en les réinsérant dans leur contexte historique, les exégètes protestants de l'école de Tübingen appuyaient à leur manière l'opposition idéologique entre le *Premier* et le *Second*

Testament et consacraient l'opposition entre les Juifs et Jésus. Ils ne pouvaient se douter que leur tendance à un néo-marcionisme deviendrait un argument qui, détourné une fois de plus par l'idéologie devenue dominante, allongerait la longue liste des préjugés antisémites, et, davantage encore, contribuerait par contrecoup à l'édification du mythe d'un Jésus aryen qui résume à lui tout seul la manière dont le nazisme veut récupérer à son compte une partie des croyants. Certes, l'hypothèse de ce Jésus est farfelue, mais devient un appui politiquement efficace pour soutenir le mouvement *völkisch*.

La politique attentiste d'Hitler visa aussi le monde protestant majoritaire et provoqua une rupture entre deux groupes : les chrétiens allemands et l'« Église protestante confessante » qui deviendra un groupe d'opposition. La rupture se fit non sans difficultés. Les premiers – les chrétiens allemands – s'appuient sur l'antisémitisme consacré par l'idée séculaire que les Juifs sont les assassins de Jésus. Ils rallient en 1932-1933 Hitler et le considèrent comme l'homme de la rédemption germanique. Du côté de l'opposition, qui deviendra l'« Église confessante », la rupture se fait par paliers. En 1923, le futur théologien Martin Niemöller, dans la ligne de sa participation personnelle à la Guerre mondiale comme capitaine de sous-marin, salue l'avènement du national-socialisme. En 1932, il réagit contre les chrétiens allemands sur le terrain de la théologie. Une année plus tard, il reste convaincu du bien-fondé du programme économique nazi. Mais en 1934, le Synode de Barmen dénonce les hérésies des chrétiens allemands dont celle d'un Jésus aryen, Dieu incarné de la force et de la puissance. Nous retenons du Synode les articles 3 et 4 :

> 3. « Professons la vérité dans la charité, et croissons à tous égards en celui qui est le chef, Christ, par lequel tout le corps est bien uni » (Ép. 4, 15-16)
>
> L'Église chrétienne est la communauté des frères dans laquelle Jésus-Christ présent agit comme Seigneur, par le Saint-Esprit, dans la Parole et les Sacrements. C'est au milieu même du monde pêcheur que, par sa foi, et son obéissance, par son message et par ses institutions, elle doit confesser, Église des pécheurs sauvés par grâce, qu'elle n'appartient qu'à lui seul et qu'elle vit et voudrait

vivre uniquement de la force qu'il donne et de ses enseignements dans l'attente de son retour.

Nous rejetons la fausse doctrine selon laquelle l'Église pourrait abandonner le contenu de son message et son organisation à son propre bon plaisir ou aux courants successifs et changeants des convictions idéologiques et politiques.

4. « Vous savez que les princes des nations les asservissent et que les grands les tiennent sous leur puissance. Il n'en sera pas ainsi parmi vous ; au contraire, celui qui voudra être grand parmi vous, qu'il soit votre esclave ». (Mt 20, 25-26) S'il y a différentes fonctions dans l'Église, aucune d'entre elles ne doit dominer les autres, car toutes doivent concourir à l'exercice du ministère confié à la communauté tout entière. « Nous rejetons la fausse doctrine selon laquelle l'Église pourrait, en dehors de ce ministère, se donner ou se laisser donner un Chef muni de pouvoirs dictatoriaux. »

Mais, au prétexte de la séparation de l'Église et de l'État, la politique intérieure allemande ne devient pas encore une gêne pour les protestants confessants. En 1935, ils subissent une sévère répression par l'administration de Goebbels. En riposte, Dietrich Bonhoeffer[78] a le courage cette fois publiquement de combattre l'antisémitisme, mais il faut attendre la *Nuit de Cristal* du 9 au 10 novembre 1938 pour qu'il ose lancer un avertissement solennel :

Si les synagogues brûlent aujourd'hui, les églises seront incendiées demain.

Et Karl Barth[79]:

[78] Dietrich Bonhoeffer (1906-1945) est un brillant théologien qui rejoint l'« Église confessante » pour se démarquer des luthériens trop proches, selon lui, du régime nazi. Il est arrêté en même temps que l'amiral W. Canaris pour sa participation au complot du 20 juillet 1944 contre Hitler et exécuté par pendaison dans le camp de concentration de Flossenbürg.

[79] Karl Barth (1886-1968), théologien lié à Bonhoeffer, refusa toute soumission à un dictateur politique. Il profita de sa nationalité suisse pour quitter l'Allemagne. Ses recherches théologiques eurent un grand retentissement, jusque dans les milieux catholiques.

> Celui qui est un ennemi d'Israël doit être considéré comme un ennemi de Jésus-Christ. L'antisémitisme est un péché envers le Saint-Esprit.

D. Bonhoeffer, proche de l'amiral Wilhelm Canaris, le responsable des services de renseignement, est, après emprisonnement, condamné à la pendaison et exécuté le 9 avril 1945 au camp de Flossenbürg. La responsabilité de l'amiral dans le complot du 20 juillet 1944 sera découverte et il sera exécuté en avril 1945. Quant à K. Barth, de nationalité suisse, il est exilé dans son pays d'origine. Contre l'Église confessante, Mireille Hadas-Lebel pointe également le cas de l'évêque Ludwig Müller, premier évêque luthérien nazi, qui publie en 1936 une version militariste du *Sermon sur la montagne* où il s'emploie à convaincre son public que le protestantisme de collaboration est progressiste et constitue une voie nouvelle pour la rédemption. Il se suicidera en 1945[80].

Dans un contexte d'imprégnation idéologique progressive, toutes ces critiques autour de la publication de Rosenberg ne firent qu'augmenter l'intérêt pour son *opus magnum* au point de lui faire atteindre un tirage de deux cent cinquante mille exemplaires. Mais même arrivé à ce niveau de publication et répandu dans les groupements de la jeunesse allemande, il fut dédaigné par les intellectuels de la trempe d'un Heidegger et par ses rivaux en doctrine nazie, hormis Hermann Goering. Avec H. Goering, le second d'Hitler, féru d'art et surtout de richesses, Rosenberg eut des relations que l'on pourrait qualifier de mafieuses, tant les deux complices s'entendirent pour s'empresser à mettre la main sur les biens et les œuvres d'art appartenant aux Juifs.

Chargé de l'endoctrinement des masses, Rosenberg ne cessait de militer auprès d'Hitler pour la création d'une Haute École d'analyse du problème juif et de la réponse nazie à ce problème. Il fondera en 1941 l'Institut pour la recherche sur la question juive à Francfort, tandis que Joseph Goebbels avait accordé son soutien à l'Institut pour l'étude de la question juive à Berlin en 1935 avec une équipe à ses ordres. Ces Instituts ne coordonnèrent pas leurs actions. L'Institut pour l'étude de la Question juive, patronné par

[80] Cf. M. Hadas-Lebel, « Une amnésie théologique : le « Jésus aryen » Paris, *Centre national de l'AJCF* –, 14 février 2016.

Rosenberg et inauguré en 1941, devait comporter une bibliothèque de plus de cinq cent cinquante mille volumes, la bibliothèque la plus grande du monde, dit Rosenberg lui-même, faite de livres venant tous de France, de Belgique et de Hollande.

Cédant au mirage nazi, en 1939, certaines Églises protestantes se mirent d'accord pour fonder un institut spécifique de « déjudaïsation » qui servait à renforcer les arguments antisémites, dénommé *Institut pour l'*étude de l'*influence juive sur la vie ecclésiastique allemande*. Selon le règlement imposé, les membres devaient être nazis et avaient pour intention d'édifier une « science » du judaïsme à partir de cette vision du monde et de purifier le protestantisme de toute contamination juive. Le directeur de recherche, le Dr Walter Grundmann, appuya la thèse du Jésus aryen, chère à Rosenberg. La psychanalyse, science juive, fit, elle aussi, l'objet de conférences et de critiques de la part de cette aile protestante du nazisme. La caution de cet Institut intervenait opportunément au moment de l'invasion de l'URSS pour encourager l'épuration ethnique et effacer les scrupules éventuels des exterminateurs. Avec un tel appui idéologique adopté par ses principaux maréchaux et généraux, la *Wehrmacht* pouvait être rassurée de mener une guerre totale.

Goebbels pouvait aussi compter sur l'aide de professeurs de théologie toujours marqués par l'antisémitisme séculaire. Tel Gehrard Kittel de l'université de Tübingen et qui connaissait bien le monde hébreu et avait publié un livre à succès en 1933, *Die judenfrage*. Il était un collaborateur actif de l'Institut national d'histoire de la Nouvelle Allemagne de Walter Frank (1905-1945). Ce dernier avait été encouragé par Rosenberg à entamer une histoire du mouvement nazi et de la question juive. Il procéda aussi à l'élimination des Sociétés d'historiens opposées aux nazis.

La mobilisation idéologique des historiens

Walter Frank avait organisé son Institut antisémite en trois départements consacrés respectivement à la question juive, au leaderschip politique dans la guerre mondiale et à l'histoire de l'après-guerre. À la tête de ces départements, il avait placé Karl Alexander von Müller, Erich Marks et Heinrich Ritter von Srbik.

L'Institut fut ouvert en 1935 et W. Frank s'adjoignit pour un temps Wilhelm Grau, qui plus tard lui fit de l'ombre. Renvoyé, officiellement, pour ses trop hautes qualifications, il fut récupéré par Rosenberg qui le mit à la tête de son propre Institut pour la recherche sur la question juive. W. Grau se chargeait alors de choisir parmi les jeunes, les meilleurs archivistes et les meilleurs historiens acquis à la cause. En fait, tous les historiens nazis s'inscrivent dans la ligne de pensée d'Heinrich Von Treitschke (1834-1896) qui assure le passage du nationalisme au nazisme bien avant la génération nazie. Déjà dans les années 1870, von Treitschke exalte la puissance de l'État, la supériorité du peuple allemand, les principes de la « *Realpolitik* », une idée que l'on retrouvera chez C. Schmitt, l'abandon des principes moraux en politique et une philosophie de l'histoire fondée sur le principe de la lutte des races. Dans ses *Cours de Berlin* et dans sa mémorable *Deutsche Geschichte*, il inspire les futurs pangermanistes.

Chapitre 5

La réception de Rosenberg et du nazisme en France

Avec la réception de Rosenberg en France, nous arrivons au carrefour des idées qui met les observateurs politiques et les germanistes devant un choix. L'Allemagne est autant un objet de haine que d'admiration. Beaucoup d'intellectuels français ont recherché des rapprochements et, au nom du pacifisme, sont enclins à fermer les yeux sur ce qui se passe réellement en Allemagne. La solution allemande à la crise par l'ordre et la discipline exerce une véritable fascination et donc une tentation pour les anciens combattants tentés eux aussi par un nationalisme socialisant ; de là proviennent les transferts en France de la gauche à la droite et inversement. La France baissa la garde devant la perspective d'une nouvelle guerre.

Rosenberg, du « Nietzsche » corrompu

Dans sa recension de 1933, parue dans *Les Nouvelles littéraires*, *Le Mythe du XXe siècle* est estimé par Edmond Vermeil[81] (1878-1964) comme une « contribution idéologique majeure » aux fins de résoudre le problème récurrent d'une Allemagne résultat d'un conglomérat d'états territoriaux qui se livrent à des luttes intestines. La crise économique des années trente pousse l'Allemagne à raffermir son unité par différents moyens : renforcement de la bureaucratie, ren-

[81] Edmond Vermeil (1878-1964), professeur à la Sorbonne, était un grand spécialiste de la culture allemande et un grand lecteur de Nietzsche. Il participa à la résistance dans le rang des gaullistes.

forcement de l'armée, renforcement des liens idéologiques par le rappel des mythes du passé. Le facteur principal de décadence que pointe Rosenberg est l'intellectualisme sémitique qu'il faut éradiquer pour que s'affirme une renaissance de la mystique germanique fondée sur la pureté du sang, de la race et d'un retour à la nature.

Mais, pense E. Vermeil, Rosenberg, ce n'est que du Nietzsche corrompu, « parce que l'apologie de l'instinct et de ses ardeurs n'est pas ici tempérée par l'appel à la clarté et à la mesure que nous donne l'intelligence. » Et l'universitaire germaniste, protestant et professeur à la Sorbonne, de souligner très tôt le danger que fait courir à l'Europe cette renaissance culturelle sur base, insiste-t-il « d'une philosophie élémentaire de géants puérils. » Il aurait pu ajouter que Rosenberg, c'est du Spengler nazifié.

Vermeil propose une réflexion sur les racines du national-socialisme qui s'en réfère au *Sonderweg,* c'est-à-dire à l'idée d'une « voie propre à l'Allemagne dans le processus de son unification ». C'est que, à l'encontre de l'histoire des autres unifications européennes, l'Allemagne part, elle, d'un Empire unifié qui se démembre jusqu'au moment où la Prusse joue à nouveau un rôle unificateur. Vermeil prend donc l'essai de Rosenberg très au sérieux et y trouve comme une conséquence du pangermanisme[82] :

> Livre capital que celui-là ! Reprenant en pleine crise universelle une tradition déjà séculaire, celle du pangermanisme, créé par le XIXe siècle, il prétend fixer avec un mélange curieux de mysticisme imaginatif et de franchise cynique, la relation entre l'Allemagne et l'Europe, problème crucial de notre époque.

L'extrême-droite française, avec le souvenir de la défaite de 1871 et forte de l'écrasement de la Commune[83], développe à

[82] *Nouvelles littéraires* du 2 et 9 mai 1933.

[83] Après la défaite du Second Empire contre l'Allemagne en 1871 et alors que la capitale française est encerclée par l'ennemi, la majorité des classes défavorisées se ligue en faveur d'une prise de pouvoir du peuple par le peuple. Le gouvernement républicain légal, réfugié à Versailles et dirigé par Adolphe Thiers, un représentant de la droite monarchiste, décide de réprimer cette révolte populaire dont le républicanisme radical déstabilise l'État. La répression sera implacable, mais les Communards deviennent le symbole de la cause du peuple qui, pour se faire entendre, affronte le martyr.

travers ses intellectuels nationalistes des tendances parallèles à celles des Allemands. Dans leurs essais polémiques, Ernest Renan (1823-1892), Maurice Barrès (1862-1923) et Charles Maurras (1868-1952), – ce dernier partisan du nationalisme intégral –, défend des idées proches de Rosenberg, cette fois adaptées pour la France : il partageait le sentiment d'une décadence due aux Juifs ; il adhérait au mythe de la pureté du sang, gaulois ou même aryen ; il approuvait l'antiparlementarisme et l'admiration, mais à distance seulement, de l'Institution catholique. Dans *l'Action française* de 1936, C. Maurras, après avoir lu *Mein Kampf*, prendra ses distances avec les vues racistes d'Hitler et, pour défendre au mieux les intérêts français sur le plan international, lança le slogan : « La France seule ». En 1940, il sera pétainiste tout en s'écartant d'une collaboration volontaire avec l'Allemagne. Le patriotisme français, le choix des chemins d'une rédemption pour la France associé à la détestation de l'Allemagne et à l'affrontement des gauches et des droites, jusqu'à épuisement des factions en présence, feront éclater droite et l'extrême-droite en trois branches. La première branche, les maurrassiens orthodoxes, deviendra porteuse de la doctrine officielle de Vichy, « Travail, Famille, Patrie » ; les collaborationnistes comme Robert Brasillach (1909-1945), Pierre Drieu La Rochelle (1893-1945) et l'anarchiste de droite Lucien Rebatet (1903-1972) seront véritablement fascinés par l'esthétique nazie. Également dans cette ligne collaborationniste, Jacques Doriot, ancien combattant, d'abord militant communiste, mais exclu du parti parce qu'en désaccord avec Moscou, crée le Parti populaire français (PPF) dont les membres participent à la rafle du Vel' d'Hiv' en juillet 1942 ; lui-même part combattre sur le front de l'Est et après la défaite se réfugie en Allemagne où il décède, abattu par un avion anglais dans sa voiture marquée du sigle de la *SS*.

Venu également de la gauche, Marcel Déat crée le *Rassemblement national populaire*. Comme Goebbels, il sort de philosophie et a eu un parcours de néo-socialiste avant de fonder la *Légion des volontaires français*, une unité à l'appui de la *Wehrmacht*. En 1942, il rallie Pierre Laval, Premier ministre du régime de Vichy, qui, le 16 mars 1944, le nomme ministre du Travail et de la Solidarité. Plus chanceux que nombres de collaborateurs condamnés à mort, il se réfugie dans un monastère italien où il décède en 1955.

La troisième orientation droitière comporte des résistants, tels Honoré d'Estienne d'Orves, Pierre de Bénouville, Maurice Duclos, Jacques Renouvin, Alfred Tourny, Henri d'Astier de La Vigerie, Daniel Cordier, secrétaire de Jean Moulin, André De Vawrin, le chef du BCRA (Bureau central de renseignements et d'action, autrement dit, « Service secret gaulliste »), Gilbert Renault, le fameux colonel Rémy, premier agent du général de Gaulle en France occupée, Guillain de Bénouville, chef du mouvement *Combat,* et François Mitterrand, lié dans ses débuts politiques à la droite et peut-être à la *Cagoule*[84].

L'adoption d'un « fascisme à la française » fait pendant au paradoxe d'un pays défait et oscillant entre la gauche et la droite, et finit par rechercher un avenir en se soumettant à une collaboration plus ou moins sincère avec l'anticommunisme nazi. Croire en l'opposition tranchée entre une gauche résistante et une droite collaborationniste relève de la simplification abusive. Entre les deux, il y eut des transferts et des virages du communisme au fascisme et inversement. Ce qui rendait les choix compliqués, c'est que le national-socialisme proposait une synthèse délicate entre socialisme et nationalisme. Et que la dictature de Moscou sur le PCF français perturbait plus d'un militant. Le pacte germano-soviétique du 23 août 1939 et la haine stalinienne du socialisme français ne faisaient que renforcer la perplexité de ceux qui ne voulaient pas trahir la patrie. Le choix politique du citoyen français demeurait complexe avec la haine de l'Allemand, héritée de la Grande Guerre, et la soumission à son projet autoritaire pour l'Europe.

En France comme en Allemagne, les contradictions entre les intérêts personnels et le service de l'État suscitent des rivalités illustrées par les tensions entre Jacques Doriot et Marcel Deat. La plupart des hommes politiques ralliés au nazisme exploitent les ficelles de la propagande nazie, celles de Goebbels, tant dans l'expression de leurs convictions que dans l'organisation interne au Parti. La complexité de la situation, la guerre entre presse de gauche et presse de droite, le pacifisme et les avancées sociales de 1936 font que les signaux d'alerte sont refoulés et que l'esprit de Munich est

[84] Dans les années trente, organisation d'extrême-droite, connue pour son antisémitisme et son anti-républicanisme.

pour un temps largement partagé. On espère que les concessions à Hitler finiront par satisfaire son appétit expansionniste[85].

La perplexité des Français est d'ailleurs partagée par la presse américaine. Le journaliste français Daniel Shneidermann a récemment feuilleté cette presse dans ses journaux les plus prestigieux comme le *New York Times* et constate que les faits d'agression commis sur les Juifs, depuis la profanation des tombes jusqu'à la *Nuit de cristal*, sont bien rapportés dans les pages centrales, mais sans indignation et sans aucune émotion. De quoi les faire passer presque comme des faits de second plan et surtout de ne pas menacer la quiétude des Américains. Il faut également tenir compte du scepticisme obligé des journalistes américains devant l'« impensable » et le fait que leurs bureaux en Allemagne sont déjà infiltrés par les hommes de Goebbels. Puisqu'émanant souvent de la presse dite communiste, les alertes et les visions pessimistes leur restent suspectes. Il faudra attendre 1942 pour avoir une information jugée fiable sur l'extermination par une source non juive, à savoir la découverte des commandes massives d'acide prussique, source objective qu'attendait le *New York Times* d'Arthur Sulzberger pour réagir.

Les premiers avertissements des « lanceurs d'alerte »

Romain Rolland

Dans *L'Humanité* du 16 février 1919, Romain Rolland, un des premiers, s'inquiète de la fièvre revancharde et militariste qui affecte l'Allemagne après la répression de la Révolution spartakiste. Il est un des compagnons du Parti communiste et pour François Furet il est aveugle au danger du stalinisme :

[85] Pour rappel, les accords de Munich (29-30 septembre 1938), passés entre l'Allemagne, la France et le Royaume-Uni, concèdent à Hitler l'annexion de la Tchécoslovaquie qu'il revendiquait sous prétexte que peuplée de nombreux Allemands. Par cette attitude conciliante, les futurs alliés espéraient avoir gagné la paix.

> Pour moi, mon sentiment, après avoir suivi attentivement la marche des événements depuis deux mois, est que la réaction conservatrice, militariste et monarchiste, en Allemagne, avance à pas de géant, et qu'avec elle se propagent dans la nation, comme une fièvre, les rancunes nationales et les idées de revanche. Et je vous crie : « Alarme ! »

Sigmund Freud

Dans *Malaise dans la civilisation*[86] de 1929 et bien qu'il ne puisse totalement adhérer à cette parole prophétique pour sauver ses quatre sœurs, il comprend un des ressorts du nazisme :

> Ce ne fut pas non plus l'œuvre d'un hasard inintelligible si les Germains firent appel à l'antisémitisme pour réaliser plus complètement leur rêve de suprématie mondiale.

Thomas Mann[87]

Dans *son Journal du 27 mars 1933*, il présente un constat navrant de ce qui arrive à l'Allemagne :

> Il était réservé aux Allemands d'organiser une révolution d'un genre jamais vu : sans idée, contre l'idée, contre tout ce qu'il y a de plus élevé, de meilleur et de convenable, contre la liberté, la vérité, le droit. Il n'est jamais rien arrivé dans l'histoire humaine. En même temps, incroyable jubilation des masses, qui croient avoir vraiment voulu cela, alors qu'elles ont simplement été trompées avec une folle astuce.

Emmanuel Levinas

Dans son court essai de 1933, *La philosophie de l'hitlérisme*, paru en 1934 dans *Esprit*, revue française affichant un catholicisme progressiste, le jeune philosophe Emmanuel Levinas[88] (1906-

[86] S. Freud, *Malaise dans la civilisation*, accessible sur : http://classiques.uqac.ca/classiques/freud_sigmund/malaise_civilisation/malaise_civilisation.pdf, p. 59.
Traduit aussi en *Malaise de la culture*.

[87] T. Mann, *Journal, t.1*, Paris, Gallimard, 1985, p. 274.

[88] On peut dire que Levinas a pris le contrepied de l'hitlérisme. Et pour cause : il était de formation juive traditionnelle et sa famille a disparu

1995) commence par prendre ses distances par rapport à l'éblouissement qu'il a éprouvé lors des séminaires tenus en 1928-1929 par Martin Heidegger. Et tire déjà les conséquences du biologisme qu'il perçoit dans le nazisme de Hitler. Car, s'appuyer sur un sentiment de décadence, sur l'idée fausse de la trahison des Juifs, sur un retour rédempteur, mais purement fantasmé, sur une pureté de la race heurte l'idée que Levinas se fait de la civilisation et de la liberté. L'hitlérisme développe une philosophie de l'homme qui réduit celui-ci à son sang, et réduit la relation sociale au rapport maître-esclave. Ce n'est plus la raison qui lie les hommes entre eux, mais le sang et la race qui entraînent automatiquement l'exclusion de l'Autre et l'usage de la force guerrière pour affirmer ses racines[89] :

> C'est l'essence de l'homme qui est visée car, l'essence de l'homme n'est plus dans la liberté, mais dans une espèce d'enchaînement, dans l'acceptation de cet enchaînement. Comme si les prisonniers de la caverne de Platon aimaient leurs chaînes ou comme si la dialectique hégélienne s'arrêtait aux relations de domination. La conséquence de cette négation de toute transcendance hors l'État apparaît clairement, car « toute structure sociale qui annonce un affranchissement à l'égard du corps et qui ne l'engage pas devient suspecte comme un reniement, comme une trahison.

Ce sont aussi catholicisme et judaïsme qui deviennent des cibles pour leur conception d'une fraternité de paix et de pardon, gestes éthiques de la rédemption spirituelle. Ainsi l'hitlérisme engloutit dans un conservatisme étroit et dans une histoire imaginaire toute la dimension spirituelle de la civilisation occidentale. S'affirmer par sa volonté de puissance, que l'Allemagne moderne retrouve dans ses racines et glorifie d'une manière détournée, n'est pas seulement un nouvel idéal, c'est une finalité qui apporte en

dans les camps, alors que lui-même, officier français, a vécu la guerre dans un stalag et n'a jamais été repéré comme Juif par les Allemands. Alors que l'hitlérisme cultive l'*ego*, toute la démarche philosophique de Levinas est animée par le rapport à autrui qui, pour lui, et très justement, précède le culte du moi dans les faits en raison de la dépendance de l'enfant par rapport aux adultes.

89 E. Levinas, *Quelques réflexions sur la philosophie de l'hitlérisme,* Paris, Rivages, coll. « Poche », 1997, p. 19.

même temps sa forme propre d'universalisation par la guerre de conquête. Le jeune philosophe d'origine lituanienne, mais de nationalité française, perçoit donc dans le nazisme le lien profond qui relie le racisme et l'élimination de l'Autre qu'implique l'obsession de la pureté du sang.

René Arcos

Après avoir défendu le rapprochement franco-allemand, le journaliste de la revue *Europe* déclare en 1930 dans un numéro spécial :

> Qu'on le veuille ou non, vingt ans après 1914, la guerre est là, derrière la porte.

Raymond Aron

De 1930 à 1933, Raymond Aron est lecteur à l'université de Cologne. Il participe lui aussi à la revue *Europe* où il écrit en septembre 1933 :

> Qu'on interdise aux Juifs l'entrée des clubs sportifs, des établissements de bains, que dans certaines écoles on les relègue sur des bancs écartés, que certaines familles établies depuis des siècles soient traitées en ennemies, en parias, arriverons-nous à comprendre une telle violence légale de la part d'un *Kulturvolk*. N'est-ce pas là une cruauté froide aussi révoltante que les pogroms ? L'effort d'objectivité doit laisser place à l'indignation nécessaire.

Indignation seulement ? Du moins, à partir de cette époque, le jeune bourgeois R. Aron prend-il conscience de sa judéité. Il sera un des meilleurs observateurs des luttes idéologiques du XXe siècle.

Pierre Grosclaude

Dans l'introduction à son édition condensée du *Mythe*, parue aux Éditions latines en 1938, Pierre Grosclaude (1900-1973), agrégé de Lettres, met en garde le lecteur français contre les conséquences dangereuses de la doctrine de Rosenberg :

> Nous souhaitons seulement que cette lecture achève d'ouvrir les yeux des Français sur le terrible péril que représente la mons-

trueuse Allemagne moderne, aussi bien les yeux de ceux qui, croyant discerner quelque affinité entre leurs propres préférences politiques et le nazisme totalitaire, font preuve à l'égard de celui-ci d'une coupable indulgence, – que les yeux de certains pacifistes qui ont tendance à expliquer tous les conflits par des concurrences économiques et qui croient encore à la « bonne volonté » et à l'esprit de paix de l'Allemagne.

Georges Politzer

Ce qui ressort de la lecture de l'article de Georges Politzer[90] (1903-1942), paru de manière clandestine dans *La Pensée libre* de février 1941, c'est que le professeur marxiste qui, pour sa résistance active, sera fusillé au mont Valérien en 1942, manifeste, au-delà d'un ton résolument ironique, un respect certain pour son adversaire, le docteur Rosenberg. De son côté, ce dernier ménage la susceptibilité française en lui faisant miroiter les avantages d'une intégration réussie dans une Europe nazie. Et la stratégie n'est pas mauvaise pour charmer la droite française.

Le nazisme, tel que présenté par l'orateur allemand, n'est rien d'autre qu'un dépassement de la Révolution française, moment certes de libertés, mais de libertés contrecarrées par l'action des Juifs et des francs-maçons. Que ce jugement soit partagé par les droites françaises, Rosenberg est loin de l'ignorer. Contre l'opinion des Français et contre les accords du traité de Versailles dont ils sont les artisans, il dénie à l'Allemagne toute responsabilité dans la boucherie de la Première Guerre mondiale. Les causes véritables sont à verser sur le colonialisme britannique. Ainsi, la rhétorique de Rosenberg transforme-t-elle une guerre inavouable en guerre juste et légitime l'impérialisme germain soi-disant porteur de paix. Dans le *Mythe*, G. Politzer perçoit au contraire ce qu'elle sera vraiment : la naissance d'une Europe raciste et soumise à une nouvelle ploutocratie qui, pour justifier son expansion économique, propose une idéologie du « sang » et une sacralisation de la tradition.

90 Philosophe marxiste et militant antifasciste dès sa démobilisation. Il est arrêté le 14 février 1942 et fusillé le 23 mai de la même année.

Francistes, communistes et revirements

Ce qui empêche la France de suivre la ligne dure du racisme, c'est la tension toute démocratique entre droites et gauches et la hantise d'une seconde guerre qui hante les rescapés et la jeune génération dans une France qui doit se relever d'une chute démographique. Même Charles Maurras, un partisan de la dureté face à l'Allemagne, un fervent d'une religion de la Patrie française, n'en appelle pas à entamer une nouvelle boucherie. Il n'empêche, pour la génération montante de droite, la crise économique freine l'admiration pour le modèle capitaliste américain. La Révolution française est réévaluée et la démocratie parlementaire libérale est de nouveau mise sur la sellette.

Plus radicales seront les critiques marxistes qui continuent à prendre pour cible, même à travers le « personnalisme », la bourgeoisie capitaliste. Alors que pour les nazis Jésus devenait germanique et antisémite, pour la revue *Clarté* en 1927, le prophète devient communiste. L'expulsion de Léon Trotski (1879-1940) jette le trouble dans le PC français et répand chez certains une méfiance vis-à-vis de la Russie communiste. En témoigne l'essai *Au-delà du marxisme* du Belge Henri de Man[91] que lit André Gide et dont le titre en dit long sur la volonté de révision du catéchisme du Parti. Les tensions entre factions de gauche et de droite atteignent un sommet en 1934 quand Staline se rend compte de la menace hitlérienne, mais en France la lutte antifasciste ne justifie toujours aucune guerre. Toutefois, les glissements politiques de l'un à l'autre sont nombreux.

Face à plusieurs choix décisifs, le camp des intellectuels français est divisé par les questions suivantes : quel est le véritable poids politique d'Hitler en Allemagne ? Le communisme est-il un rempart suffisant contre la montée des fascismes ? On peut en douter comme A. Gide, lui qui a été dupé par les services secrets

[91] Henri de Man (1885-1953) joue un rôle important dans la politique belge des années de crise. Il est dirigeant du Parti ouvrier belge et ministre de 1934 à 1938. Conseiller de Léopold III, il dissout son parti lors de la défaite belge et penche vers un « Ordre nouveau » qui suppose la soumission à l'Allemagne, voire une étroite collaboration. Après la guerre, condamné pour incivisme, il trouve refuge en Suisse où il décède.

soviétiques. Le fascisme à l'italienne serait-il une alternative à la décadence du parlementarisme ?

Déçu par ses contacts avec Moscou, Jacques Doriot, valeureux ancien combattant et leader populiste écouté, passe du militantisme de gauche à la droite fascisante anticommuniste, ce qui prouve qu'il y a des points communs entre les programmes. Il fonde en 1936 son propre parti, le PPF à tendance fasciste et convainc Pierre Drieu La Rochelle d'y appartenir. Ce parti sera le plus organisé, réunissant tant des anciens communistes que des anciens maurrassiens ou d'anciens Croix de feu. En 1937, le mouvement revendique deux-cent-mille adhérents et en 1938, trois-cent-mille dont 49 % d'ouvriers[92].

Il n'est pas le seul à s'engager dans l'antisémitisme, dans l'anticapitalisme et à militer pour l'aryanisme. La France connaîtra ses *Faisceaux* avec Georges Valois (1878-1945) qui parcourt, plein d'hésitations, un itinéraire qui le mène finalement à la Résistance et à l'exécution ; avec Marcel Bucard (1895-1946) encore, capitaine à vingt-deux ans dans la Grande Guerre, fondateur du Parti franciste, condamné et exécuté par l'État français dans l'immédiate après-guerre. Ce parti sera financé par Benito Mussolini. Fort de cet appui, M. Bucard aura même rêvé d'être le pendant du dictateur italien pour les Français. Il soutiendra Vichy. B. Mussolini s'impose comme le modèle de la droite française en 1939.

À l'intérieur de la France, il s'agit pour les gouvernements d'éviter les tiraillements entre catholiques et laïcs ; le parti des professeurs de philosophie, pour la plupart sous l'influence de Kant, se prononce en faveur de la laïcité.

Le PCF, dont on sait qu'il est sous contrôle du *Komintern*[93], mobilise Louis Aragon et les surréalistes. Mais, lors du Congrès des

[92] Cf. A. Chebel d'Appollonia, *L'Extrême Droite en France : de Maurras à Le Pen*, Bruxelles/Paris, Complexe/PUF, coll. « Questions au siècle », 1987.

[93] *Komintern* ou Troisième Internationale communiste réunissait en 1920 les partis communistes qui pour lui appartenir devaient adhérer à ses principes bolcheviques. C'était une manière pour Moscou de surveiller l'alignement des partis communistes étrangers sur sa stratégie.

écrivains français de 1935, le régime stalinien commence à montrer son vrai visage et le doute s'installe. La lutte en Espagne entre le fascisme-nazisme qui soutient Franco et le Mouvement ouvrier international qui reçoit des armes de Moscou fait encore pencher la balance pour un temps en faveur de l'internationalisme soviétique, alors que pour conserver la paix et de bonnes relations avec le Royaume-Uni, Léon Blum à la tête du Front populaire est contraint d'adopter une politique de neutralité. Internationales, elles le sont ces Brigades composées de volontaires espagnols, polonais, hollandais, allemands, autrichiens, français, anglais et américains. Le PCF les encadre. Il est combattu par Jacques Doriot, par les socialistes pacifistes et par la « grande-presse » qui, elle, choisit plutôt le camp franquiste. Entre opposition et capitulation, ce sera cette dernière option qui l'emportera à cause de la timidité des démocraties occidentales qui sont subverties par le duel des totalitarismes.

La méfiance de la gauche sera accentuée par le pacte germano-soviétique du 23 août 1939, un pacte que les historiens considèrent comme un coup de maître de la part de Staline qui par cette ruse se donne du temps pour accélérer l'effort de guerre.

Toutefois, les tensions entre factions intellectuelles restent toujours dominées par la crainte d'une nouvelle guerre qui renforce les anciens combattants dans l'idée de refuser énergiquement l'équivalent de la « der des ders ». Le pacifisme, soutenu par le philosophe Alain, un autre héros de la Grande Guerre, favorise une politique de reculs et de concessions, alors même que l'Allemagne se réarme. Le pacte franco-soviétique de 1935 par lequel Staline approuvait les dépenses militaires françaises avait déjà ébranlé les consciences pacifistes de la Gauche et provoqué bien des perplexités.

Jean-Paul Sartre

S'il ne réagit pas au bruit de bottes lorsqu'il étudiait en Allemagne – parce que les Allemands, a-t-il déclaré, eux-mêmes en riaient –, Sartre, dans les nouvelles de 1939 *Le Mur et l'Enfance d'un chef*[94], commença à prendre la mesure du danger. Le héros de

[94] J.-P. Sartre, *Le mur et autres nouvelles*, Paris, Gallimard, 1939 ; Folio, 1972.

l'Enfance d'un chef, Lucien, se transforme en brute fasciste. Mais ces nouvelles, parodiques jusqu'à un certain point, contenaient tant d'allusions sexuelles et une telle tendance à la morbidité qu'elles furent fort mal acceptées par la presse. Surtout par la presse de droite. Robert Brasillach, et derrière lui toute l'Action française, l'étrillèrent pour ses plongées dans une humanité glauque, tandis que le peuple de gauche ne se reconnaissait pas dans les états d'âme du Sartre petit-bourgeois[95].

Sartre ne fonderait pas encore une réflexion en profondeur sur la Guerre d'Espagne ni sur la réalité du nazisme. Pour lui, l'Allemagne serait d'abord celle de Husserl puis de Heidegger, dans un contexte de pur dialogue philosophique avec pour fin de nourrir sa propre conception de la liberté. D'une liberté « en situation », certes, mais pas encore d'une liberté captive. Progressivement, nanti de l'expérience de la promiscuité des camps, il développa une conception plus concrète de combat pour la liberté se fit jour dans son évaluation des événements.

Il est intéressant de comparer les mises en garde des lanceurs d'alerte avec le journalisme des frères Jérôme et Jean Tharaud, qui sont envoyés à Berlin pour *Paris-Soir*. Le journaliste Daniel Schneidermann rapporte leurs propos après avoir épluché la manière dont la presse française rend compte aux environs d'avril 1933 des agressions nazies contre le judaïsme. D'une manière générale, dans ce quotidien populaire, les événements sont minimisés autant que la portée de la conscience politique allemande[96] :

> Nous nous représentons très mal en France l'incroyable pauvreté d'esprit politique qui caractérise l'Allemand moyen. Il a toujours été mené et rudement. Il a toujours obéi. (...) Dans ce pays où la pensée est encore si peu formée et si vague, l'antisémitisme est une des rares idées concrètes à laquelle s'attache avec force le petit-bourgeois allemand. Elle est simple, facile à saisir. Elle correspond à ses instincts, flatte ses intérêts, ses jalousies, ses haines locales et aussi sa vanité. « Je ne suis pas un Juif », se dit-il. Et c'est là pour lui une façon de s'affirmer qu'il est quelqu'un. La haine

95 Cf. A. Cohen-Solal, *Sartre, 1905-1980,* Paris, Gallimard, 1985, p. 183.

96 D. Shneidermann, *Berlin, 1933,* Paris, Seuil, 2018, p. 214.

innée de l'Allemand pour le Juif est assez comparable à celle de l'Américain pour le nègre.

Ce jugement est un bel exemple d'écran de fumée qui devait arranger Goebbels et expliquer partiellement l'apathie des voisins de l'Allemagne. En revanche, le journal le *Temps*, ancêtre du *Monde*, de ce mois d'avril 1933, analyse le nazisme en profondeur[97] :

> La fureur antijuive est de même ordre que la fureur antidémocratique par laquelle le racisme espère établir définitivement sa domination. Et ce qui porte à croire que la méthode hitlérienne de l'intimidation et de l'oppression brutale est de nature à donner des résultats, c'est l'impuissance des partis, de la démocratie, des organisations qu'on disait si solides, à réagir contre la domination raciste. L'effondrement de la social-démocratie allemande devant la ruée hitlérienne est un des spectacles les plus lamentables que la politique ait jamais offerts à la méditation des hommes.

L'on ne saurait mieux dire. Si les avertissements n'ont pas la portée souhaitée sur l'opinion, c'est que dans tous les cas la presse, soutenue en cela par les magnats de l'industrie et de la finance, ne cherche qu'à sauver la paix.

André Suarès

C'est à un poète, déjudaïsé, que l'on doit un des jugements les plus lucides et les plus vains sur *Mein Kampf* pour dénoncer en 1936 le danger des orientations politiques de l'essai et pour dénoncer en même temps la passivité des autorités françaises. La même année dans le journal *Vendredi*, il s'en prend aux pacifistes. Il est vrai que le pacifisme, principalement de gauche, avait freiné les efforts pour le réarmement :

> Les chefs des reîtres sont venus. L'Allemagne est, dans leur poing, une énorme torche allumée. Sous la menace d'embrasement de toute l'Europe, ce n'est plus le temps de discuter une révision des traités qui, arrachée par la force, paraîtrait un acte non de justice, mais de faiblesse : la cause même de la paix en serait desservie.

[97] *Id.*, pp. 231-232.

Léon Trotski

Dans son article du 4 décembre 1939[98], L. Trotski développe un parallèle entre ce qu'il appelle « Les étoiles jumelles », Hitler et Staline, dans leurs similitudes et dans leurs différences. Mais, pour ce qui concerne Hitler, il ne doute pas un seul instant de la volonté du Führer de dominer l'Allemagne et ensuite le Monde après avoir isolé l'Amérique. La guerre avec Hitler est inévitable tant est grande la peur du communisme dans le capitalisme allemand :

> Les avertissements ne manquent pas, mais les diplomates des nations voisines ont cru un moment que les revendications territoriales de Hitler s'arrêteraient dès que satisfaites. La grande différence avec la politique stalinienne réside précisément dans les velléités d'expansion territoriale au moment où Staline s'emploie à réaliser le communisme léniniste dans ses frontières.

98 L. Trotski, « Hitler et Staline, étoiles jumelles », t. 23 des Œuvres complètes, ILT., 1978.

Chapitre 6

Autour de Rosenberg et de Goebbels

M. Heidegger eut des projets bouleversants pour la philosophie occidentale dans sa totalité. Peut-être aussi pour la société qu'il rêvait de retirer du complexe politico-militaro-industriel et sauver de la réduction à de pures techniques de tous les aspects de l'existence. Il trouve sans doute une place incontestée parmi ceux – y compris les ingénieurs – qui se sont inquiétés d'un avenir menacé par les forces que les sciences ont mis en action. Ainsi il déclarait en 1967[99] :

> L'homme reste enclos dans le cercle des possibilités calculées par lui et pour lui. (...) La société industrielle s'est enflée jusqu'à faire de soi la norme inconditionnée de toute objectivité. Il se découvre donc que la société industrielle existe sur le fondement de l'inclusion de ses propres puissances.

Piètre militant politique, il a vu dans le nazisme l'opportunité de diffuser sa pensée et de collaborer à la révolution spirituelle en laquelle il espérait. Nous le convoquons parce que, pour nous, il est un témoin privilégié des dilemmes auxquels un universitaire allemand devait faire face. Peut-être lui a-t-il manqué de prendre en considération ce que des essais de basse qualité, ceux de Hitler ou ceux de Rosenberg, diffusés par la voix hystérique de Goebbels, promettaient à la nation allemande. Ses défenseurs s'emploient à faire la part des choses entre la vie du citoyen et celle du chercheur,

[99] M. Heidegger, *Cahier de l'Herne*, 1983, Biblio essais, n° 4048, p. 376. « La provenance de l'art et la destination de la pensée », conférence tenue le 4 avril 1967 à l'Académie des sciences et des arts d'Athènes.

la première étant d'ordre privé et donc à négliger. Pourtant la question demeure : les philosophes allemands sont-ils sortis de leurs tanières universitaires pour contrer les idées de Rosenberg ? Selon Georges Raulet[100], les philosophes réellement compromis avec le nazisme auraient en 1945 été considérés par leurs égaux comme des « arrivistes marginaux », ce jugement étant aussi une manière aisée de se dédouaner de leur responsabilité de citoyens.

Dans sa *Lettre à G. Gaus*, H. Arendt apporte un témoignage acide sur la question des prises de position des intellectuels[101] :

> En 33, j'ai pu constater que chez les intellectuels l'alignement était de règle – et pas chez les autres... D'aucuns y ont cru vraiment ! Pas longtemps, certains pas longtemps du tout. Parce qu'ils avaient une théorie sur Hitler, des idées éminemment intéressantes, figurez-vous, des théories fantastiques, passionnantes, sophistiquées ! Des choses qui planaient bien au-dessus du niveau de réflexion habituel ! Pour moi c'était grotesque. Ces intellectuels ont été piégés par leurs propres théories. Voilà ce qui s'est passé en fait.

À sa suite, Günther Mensching[102] décrit avec précision les grandes tendances politiques qui imprégnaient le corps universitaire germanique. À l'unisson de l'opinion publique, les professeurs de lettres, de droit et même de médecine étaient majoritairement monarchistes et hostiles à la République. Avec les mesures économiques de 1933, la majorité des enseignants applaudit au retour du travail, de l'ordre et de la discipline, voire d'un réarmement, trois ambitions que Heidegger reprend pour l'Université dans son *Discours de Rectorat* de 1933[103] :

> Mais il y a pourtant une chose que nous a apprise l'esquisse que nous venons de tracer de l'essence de la science, c'est que

[100] G. Raulet, *op. cit.*, Paris, Armand Colin, 2006, p. 8.

[101] G. Gaus, « Entretien avec Hannah Arendt », *Télévision allemande*, 1964.

[102] G. Mensching, « La philosophie nazie dans les universités allemandes » in *Philosopher en France sous l'occupation*, Paris, *Publications de la Sorbonne*, 2009, pp. 132-133.

[103] M. Heidegger, *L'auto-affirmation de l'université allemande*, Paris, TER Bilingue 1933. Trad. fr. par G. Granel, p. 39.

l'université allemande ne trouvera forme et puissance que si les trois services – celui du travail, celui des armes et celui du savoir – se rassemblent originellement en une seule force marquante.

Martin Heidegger (1889-1976) : la rédemption de l'Allemagne par un retour aux sources

Pour ses collègues allemands la participation de M. Heidegger au mouvement nazi ne fait pas de doute. Simplement, il n'a pas eu la chance d'échapper à la Commission de dénazification[104].

Ses collègues ne contestent pas ses compétences et effectivement au regard des réflexions qu'il a suscitées, Heidegger a ébranlé en profondeur l'histoire de la philosophie. Il s'est aussi avec grande habileté ingénié à se protéger d'une implication politique dans les cercles centraux des hommes du système. La question demeure : relu à distance, le projet d'une ontologie fondamentale et d'un « nouveau commencement » que Heidegger poursuit en faveur d'une post-métaphysique gréco-germanique, constitue-t-il un filtre qui lui permet de se distancier des thèmes irrationalistes que diffusent les historiens, les idéologues, les hygiénistes et les raciologues nazis ? C'est le nœud du problème. S'il s'accorde – et pour combien de temps ? – avec les propos du Führer, il s'accorde aussi avec l'antisémitisme sous-jacent. Dans le cas contraire, le caractère souvent ésotérique de ses pensées le situe en dehors du cercle noir et le fait échapper à la censure. Or certains traits de ses écrits penchent tantôt d'un côté, tantôt de l'autre. Et cela n'a sans doute rien d'étonnant pour quelqu'un qui se met à distance de la politique et ignore de quel côté penchera l'issue de la guerre.

Le cercle familial

Pour épouser Elfride Petri, Martin Heidegger dut affronter la méfiance de ses parents vis-à-vis d'une jeune fille issue d'une fa-

[104] Voir G. Raulet, *op. cit.*, p. 8, reprenant les études de Herbert Schädelbach.

mille protestante. Il veilla à éviter d'affronter leur susceptibilité de catholiques de tradition pour une question qui lui paraissait parfaitement anachronique.

En 1932, six ans après l'engagement nazi d'Elfride, Heidegger suit sa femme dans son adhésion au NSDAP. On pourrait discerner, au fil des confidences qu'il lui adresse, les prémices du programme que Heidegger proposera en 1933 à l'Université, cette fois-ci avec la ferme conviction que le renouveau consiste à remonter à la conception grecque de la science et évite tout appel à quelque esprit religieux.

Au sein de son cercle familial, Heidegger n'a pas hésité à confier ses deux fils à l'endoctrinement du mouvement : Hermann sera dirigé vers les « Jeunets du Jeune peuple allemand » ; et Jörg Heidegger le sera dans la « Jeunesse hitlérienne » puis dans la SA[105]. Les biographies intellectuelles de Heidegger ont peut-être trop négligé la force des stéréotypes familiaux conservateurs qui inspiraient une famille allemande plutôt modeste aux prises d'abord avec les difficultés de la crise économique, puis avec la militarisation voulue par la complicité de l'Allemagne entière. À quoi s'ajoutent les angoisses liées à la vie menacée de deux fils envoyés sur le front de l'Est dont le retour de captivité interviendra bien après la fin de la guerre. On soupçonne Hermann Heidegger d'avoir édulcoré le contenu des *Cahiers noirs.*

Un christianisme à combattre

Le christianisme aurait pu être un rempart contre la dissolution de la personne dans le groupe, puis dans l'État. Contre le christianisme, il trouve dans le nazisme un allié, mais pour des raisons différentes des dogmes hitlériens[106] :

[105] Voir G. Payen, *Martin Heidegger, Catholicisme, révolution, nazisme,* Paris, Perrin, 2019, p. 320.

[106] M. Heidegger, *Carnets réflexions et Signes III,* § 184, p. 102 dans F.-W. von Hermann et F. Alfieri, *Martin Heidegger, La vérité sur ses Cahiers noirs,* version bilingue. Trad. fr. par Pascal David, Paris, Gallimard, 2018.

Il est insensé de combattre l'Église – si une puissance à sa mesure ne s'y oppose pas – en revanche, c'est une foncière nécessité de combattre le catholicisme – en tant que centre s'étant mué en force politico-spirituelle – avec tout le solide agencement interne de son « organisation » ecclésiale renforcée. Toutefois, ce combat demande d'abord une position de départ adéquate et un savoir au fait de la situation.

Plus gravement, le christianisme, pour s'accommoder à la Modernité, a aggravé le doute par rapport au monde suprasensible, ce qui est à la fois un bien et un mal. Un bien, parce que cette attitude mondaine nous enlève des illusions ; un mal, parce qu'elle déstabilise.

Les lectures de Kant et de Nietzsche, celles aussi de l'histoire de la Réforme, et l'abandon d'une étude sur la mystique médiévale de Maître Eckhart, bref, la volonté générale de sortir du carcan de la pensée chrétienne, ont orienté Heidegger vers la philosophie et vers le doctorat à Fribourg qu'il acquit à 24 ans en 1913. La guerre fut loin d'être pour lui comme pour Rosenzweig, auteur de *L'étoile de la rédemption*, ou pour Jünger, auteur des *Orages d'acier*, une aventure héroïque. Sa mauvaise santé physique l'a maintenu à l'écart des tranchées et il fut affecté benoîtement à la censure du courrier des troupes, ce qui lui permit de continuer sa carrière à l'université de Fribourg, mais dut subir comme ses compatriotes le choc psychologique de la défaite et l'impression d'une décadence de l'Allemagne.

L'élément qui déclencha son éloignement du catholicisme fut l'institution par Pie X de la *Somme Théologique* de Thomas d'Aquin affirmée par le pape comme unique référence de la philosophie catholique authentique[107] :

> Qu'on extirpe le cerveau de tous les gens qui se permettent d'avoir une pensée autonome et qu'on le remplace par de la salade italienne.

Le catholicisme devint à ses yeux un système néfaste qui, avec la perspective d'un salut illusoire, détourne les hommes du tragique de l'existence. Cette religion, avec ses dogmes, fait obstacle

[107] Cité par G. Payen, *op. cit.*, p.105.

à un questionnement originaire et radical, puisqu'elle impose des croyances obligatoires. Enfin, catholicisme, protestantisme, orthodoxie dans leurs affrontements mortels, ont démontré que les grands idéaux théologico-politiques devraient être contestés pour leur dogmatisme.

Au lendemain de la Grande Guerre, une patrie allemande en danger exige autre chose : une régénérescence spirituelle qui ne sera atteinte que par un « renversement nietzschéen des valeurs », à savoir un retour aux valeurs héroïques de la germanité. Heidegger est, comme Rosenberg, Hitler et Goebbels, à la recherche d'une rédemption pour une Allemagne alors en plein chaos intellectuel, politique et économique ; une Allemagne qui a besoin de sortir de l'alternative tragique entre communisme totalitaire et capitalisme ploutocratique. Or le catholicisme et son représentant politique, le *Zentrum*, entretiennent la visée libérale. La Révolution spirituelle se fera donc au départ d'une « position de base adéquate », une ontologie, qui mettra en évidence l'essentiel des dimensions de l'existence humaine commune, elle-même à l'origine de son temps et de son espace. Cette situation d'être-au-monde-pour-la-mort est indépassable et la prise de conscience de ces caractères essentiels doit nous libérer des illusions de l'ancienne métaphysique, de celles des « sur-mondes » et des éternités fantasmées. Voilà, entre autres, ce qui est dit dans *Sein und Zeit* (1927) et qui devra quelques années plus tard, avec l'arrivée de Hitler au pouvoir, se concrétiser dans un engagement inconditionnel pour l'authenticité allemande. Cette révolution se révélera être un piège pour le philosophe quand sa vision complexe, voire parfois ésotérique, n'échappera pas au regard pragmatique des responsables de la censure idéologique.

Le réseau relationnel

Sur le terrain relationnel, Alfred Bauemler, nazi de stricte observance, fut dans sa correspondance des années 1930 une sorte de conseiller politique pour la famille Heidegger. Sans cesse il entretint un fort sentiment antibolchevique et vécut la crainte d'un complot judéo-communiste contre la race aryenne. C'est aussi vers 1930-1932 que se marquèrent avec le plus d'intensité les sentiments anticatholiques de Heidegger. Autant de prises de position qui le rapprochaient de Rosenberg, mais avec de grandes réserves.

Le droit nazi et le champ idéologique

Il ne fait aucun doute que l'itinéraire du métaphysicien Heidegger agrège les grands enjeux du XXe siècle : crise de la conscience chrétienne, relativité de la vérité, volonté d'émancipation, retour du volontarisme et d'un paganisme générateur de nouvelles sacralisations et de nouveaux rituels collectifs qui deviendront génocidaires pour s'achever à l'ouverture de l'âge nucléaire et aux prémices de l'intelligence artificielle. Dans un premier engouement, Heidegger parle bien d'une totale révolution nazie[108] :

> La révolution nationale-socialiste n'est pas seulement la prise en main d'un pouvoir présent dans l'État par un autre pouvoir qui a suffisamment grandi [fort] pour cela, mais plutôt cette révolution apporte le renversement complet (*Umwälzung*) de notre *Dasein* allemand.

En bref, Heidegger, malgré une réflexion critique sur l'histoire conventionnelle de la métaphysique, est au début des années trente assez proche de certains idéologues dont il déporte les idées au plan philosophique.

Avec Oswald Spengler, lecteur critique de Nietzsche, Heidegger partage l'idée que la technique représente l'extrême pointe du dévoiement de la métaphysique occidentale.

Avec Carl Schmitt, il partage le thème de l'homme providentiel qui incarne le peuple, et l'appel au dévouement total de l'étudiant à sa patrie. C. Schmitt rappelle que la notion d'« honneur », devient la valeur fondamentale qui englobe la totalité de l'idéal juridique du national-socialisme et qui s'incarne dans le Führer[109] :

108 M. Heidegger, *Lettre de 1933 à C. Schmitt*, citée par Servanne Jollivet, « De la guerre au *polemos* : le destin tragique de l'être », Asterion, École normale supérieure de Lyon, n° 3, septembre 2005.

109 Cité par G. Payen, *M. Heidegger, catholicisme, révolution, nazisme*, Paris, Perrin, 2016, p. 496.

> Le Führer lui-même et lui seul est la réalité allemande actuelle et future et votre loi.

Cette déclaration d'allégeance au principe du Führer suffirait à faire du philosophe le serviteur d'une dictature.

Avec A. Rosenberg, il partage l'antichristianisme pour le mythe de la rédemption sur fond de l'idée que le monde aryen est corrompu par le christianisme et ses prolongements socialistes. Il partage avec Rosenberg et Goebbels une forme d'antisémitisme[110] :

> Le monde planétarisé, à l'instigation des émigrants autorisés à quitter l'Allemagne, est partout insaisissable et pour déployer sa puissance il n'a pas besoin de participer à une action guerrière quand il ne nous reste plus qu'à sacrifier le meilleur sang des meilleurs de notre peuple.

Avec Hans F. K. Günther, le partisan inconditionnel d'une race indo-germanique nordique, il partage l'idée que le christianisme est responsable d'un métissage des races.

Avec Goebbels, il accepte de signer un décret qui déclare que la vérité scientifique devra être conforme à la pensée nazie. Il fait partie des neuf cent soixante professeurs allemands, y compris des médecins, qui signent le serment public d'appui au Führer en 1933.

Ces rapprochements ne signifient pas nécessairement que l'itinéraire philosophique de Heidegger doive une quelconque filiation à ces idéologues, mais certainement que le Heidegger privé, quoi qu'il s'en défende, n'échappe pas à la contamination de courants de pensée qui sont à l'honneur dans l'opinion publique et au fond desquels il voit, lui, une crise métaphysique.

En faveur d'une adhésion, disons faible, de celui-ci au nazisme, une étude récente signée par le professeur de philosophie Miriam Wildenauer de l'université de Heidelberg, découvre dans les archives de l'Académie du droit allemand, une liste datée des membres de la Commission qui prouve que Heidegger est resté affilié à cette instance au moins jusqu'en juillet 1942. C'est là une découverte importante puisqu'elle établit que Heidegger ne s'est

[110] M. Heidegger, *Carnets, Réflexions XV*, F.-W. von Hermann et F. Alfieri, *op. cit.* p. 263-264.

pas contenté de mettre fin à sa collaboration au régime lors de sa démission du rectorat en 1934 et, comme l'indiquent aussi Les *Cahiers*, n'a jamais cessé de croire en un nazisme « heideggérien ».

Dans cette *Commission pour la philosophie du droit* (du droit « nazi », c'est-à-dire « non-droit » pour nous), il est effectivement en bien méchante compagnie. Cette Commission étant très discrète, il sera difficile pour les historiens de connaître la part active du penseur dans l'évocation d'une extermination des Juifs, mais tout autant de croire que Heidegger n'a eu nulle connaissance de ces projets, conçus par deux de ses membres qui pour cette raison trouveront la mort par pendaison : Hans Frank, qui va déclencher les pogroms en Pologne, et A. Rosenberg qui participe administrativement à l'organisation de l'extermination. Le dernier larron, C. Schmitt, éminent juriste catholique antisémite, justifie en droit la guerre d'agression. Depuis 1934 jusqu'à décembre 1942, la *Commission pour la philosophie du droit* a préparé et accompagné secrètement l'extermination. Ce qui n'a pas empêché ses avocats à Nuremberg de diminuer sa peine en invoquant, argument largement partagé par d'autres inculpés, le caractère rétroactif de la notion de « crime contre l'humanité ». Hans Frank, le président de cette Commission sera nommé, à partir de 1939, gouverneur général de la Pologne, où il organisera l'extermination des Juifs et des opposants politiques, y gagnant le surnom de « boucher de Pologne ». Il finira, lui, condamné à mort par le tribunal de Nuremberg et sera exécuté par pendaison en 1946.

La rédemption de la crise allemande par l'Université : le Rectorat (avril 1933-avril 1934)

Sous peine d'être accusée de trahison envers l'idéologie dominante et envers ses représentants, la pensée de Heidegger ne pouvait se déployer sans un minimum de précautions même s'il était éventuellement en complet désaccord avec les dirigeants nazis. Ce qui ne semble pas le cas puisqu'après avoir donné de gages de « pureté nazie » à l'administration, Heidegger prend fonction comme Recteur de Fribourg le 27 mai 1933. *Le Discours du*

Rectorat lors de cette journée inaugurale constitue pour Heidegger un moment capital de la révolution conservatrice dont il veut être un des maîtres à penser et dont le nazisme lui donne l'opportunité. C'est aussi pour lui une manière de rallier les étudiants à sa cause philosophique avec un empressement qui n'est pas sans rappeler celle de Goebbels. Ce discours repose sur une conviction fondée sur la critique de la modernité qui fut pour beaucoup source d'une illusion, celle d'une maîtrise technique totale de l'homme sur lui-même et sur l'univers. Pour l'Université, il veut une autre destinée qui en guise de prolégomènes à toute science future donnerait une grande place à l'interrogation philosophique. Cette initiation philosophique empêcherait les étudiants de tomber directement dans le piège d'une collaboration directe avec le monde de la technique et de l'utilité. Reste à savoir si ce projet enthousiasme ses collègues et les responsables nazis.

Sans la catastrophe spirituelle qui a affecté l'Europe, le destin de l'héritage gréco-germanique eût pu être différent et culminer dans la reconnaissance de l'originalité allemande, dans le travail noble, dans la contemplation et l'harmonie, et échapper à cet envahissement exclusivement économique et technique de la planète dans lequel l'Allemagne a sombré de concert avec les pays industrialisés. C'est le constat qu'Heidegger retient de la Première Guerre mondiale, un conflit qui a mené à la grégarisation de l'homme allemand. L'Allemagne authentique devrait se mettre à l'écoute de l'injonction qui lui vient du passé et la destine à accomplir son être authentique. Pour expliquer l'origine de toute forme de savoir, de tout acte de compréhension, de toute interrogation même, il faut, propose Heidegger, remonter à la double relation privilégiée et originaire de l'homme et de l'être : de l'homme qui grâce au langage se met à portée d'une interrogation de la totalité de ce qui existe, et de l'homme qui est en même temps interpelé par cette totalité. Car c'est en lui que la totalité du réel peut se révéler dans la diversité de ses aspects et c'est aussi à partir de lui que se révèle le fait de se trouver devant un éventail de possibilités qui le distinguent de la condition d'un animal ou d'un objet. Ce qui fait dire à Heidegger que la pierre est sans monde ; que l'animal est pauvre en monde ; enfin, que l'homme est, lui, riche en mondes.

Cette situation unique et privilégiée est traduite par Heidegger dans l'idée que l'homme est /ek-stase/ou en devenir.

À la suite de Nietzsche, s'il y a un salut pour l'homme contemporain, il faut, pense Heidegger, le chercher en sortant d'une métaphysique déclinante qui a soutenu une vision théocentrique et ensuite est devenue complice du capitalisme techno-centrique, le Dieu de l'argent venant se substituer au Dieu judéo-chrétien. Ce serait le projet devenu nécessaire de pouvoir générer un homme nouveau, volontaire, capable de regarder la mort en face, de partager la camaraderie (de guerre) au service d'une communauté de tradition ; un homme qui accepte et remplisse une tâche spirituelle (sic) urgente, et enfin à sa mesure. Bref, un homme authentiquement homme. En face de lui, les agents de la décadence – américaine ou communiste – s'emploient à réaliser leurs fins en réduisant la complexité du réel à des idéologies simplistes.

C'est ainsi que l'on trouve dans le plus pur style de Carl Schmitt, le juriste officiel du parti nazi, cette diatribe martiale dirigée contre quiconque s'opposerait à la volonté dite d'authenticité[111] :

> L'ennemi peut s'être greffé sur les racines les plus intimes de l'existence (*Dasein*) du peuple et s'opposer à l'essence propre de celui-ci, agir contre lui. D'autant plus acéré, et dur, et difficile est alors le combat, car l'affrontement des uns contre les autres n'en constitue que la moindre partie. C'est souvent une tâche bien plus difficile et de plus longue haleine que de repérer l'ennemi en tant que tel, de le mettre en évidence, de ne pas se faire d'illusion face à lui, de rester agressif, de ménager et augmenter sa disponibilité constante et de mettre en place l'agression à long terme ayant pour but l'extermination complète.

Il s'impose en conséquence de préparer l'université allemande à ce combat, et pour ce faire de ressusciter la fibre métaphysique,

[111] M. Heidegger, *GA (Gesamtausgabe)*, Francfort-sur-le-Main, 2001, p. 36-37, cité dans R. Linde, « *L'ontologie heideggérienne de la guerre totale et de "l'extermination complète" des ennemis du national-socialisme en 1933.* », p. 90, accessible sur http://skildy.blog.lemonde.fr/2018/05/31/lontologie-heideggerienne-est-une-antiphilosophie-elle-crypte-la-vision-du-monde-nazie-seyn-est-lequivalent-de-la-croix-gammee-lontologie-heideggerienne-est-une-justification-post-moder/

le sens de l'être des étudiants. Ainsi, toujours dans le *Discours du Rectorat* de 1933, sous-titré *De l'auto-affirmation de l'université allemande,* Heidegger propose-t-il à l'élite estudiantine de réintégrer les sciences dans une métaphysique restaurée, la sienne, qui, à ce moment de sa démarche, renforce celle de l'État nazi. Les étudiants prendront pour modèles l'image du « travailleur » de Jünger ou du célèbre étudiant Schlageter (1894-1923), ou encore celle du « mythe Langemark[112] » qui célèbre ceux qui durant la Grande Guerre se sont sacrifiés pour la patrie. La mobilisation de ce que ces âmes ont de germanique est urgente, parce que[113] :

> Nous sommes pris dans l'étau. Notre peuple, en tant qu'il se trouve au milieu, subit la pression la plus violente, lui qui est le peuple le plus riche en voisins, et aussi le plus en danger, et avec tout cela le peuple le plus métaphysique. » L'Allemagne, « prise en étau en raison de sa situation géopolitique », écrit à l'unisson l'historien heideggérien Nolte, est en droit de prévenir les dangers de sa destruction en anticipant l'agressivité de l'ennemi par une guerre préventive.

Or cette mobilisation ne se réalisera pas sous sa conduite parce qu'elle ne correspond pas à l'attente des nazis. Elle a même peu de chances d'être populaire. Déçu de ses relations avec les autorités officielles, le Recteur donne sa démission en avril 1934. Douze ans plus tard, Heidegger sera sommé de comparaître devant les autorités d'occupation pour sa collaboration avec le régime.

[112] Du nom d'un cimetière allemand situé près d'Ypres et contenant quarante quatre mille corps de jeunes soldats allemands. Schlageter est un étudiant qui a participé à la Première Guerre mondiale, n'a jamais accepté la défaite et a opéré des coups de main contre les troupes françaises d'occupation. Son hostilité à la République de Weimar lui vaut d'être arrêté pour sabotage et espionnage, et d'être exécuté le 26 mai 1923. Il sera adopté comme modèle par les nazis.

[113] E. Nolte, *La guerre civile européenne, 1917-1945. National-socialisme et bolchevisme.* Paris, Syrtes, 2000. F. Furet dans *Le passé d'une illusion,* Paris, Michel Laffon/Calmann-Lévy, 1995, attribue au léninisme la principale responsabilité dans l'édification de l'hitlérisme et dans le déclenchement de ce qui fut appelé « La Grande Guerre patriotique ».

La position de la *Commission de dénazification* en 1945

Ne pouvant être en possession de l'œuvre complète de Heidegger, la Commission de dénazification fut placée devant le dilemme que nous avons posé. Impliqué dans le nazisme et soumis à l'autorité française en charge de la dénazification, Heidegger doit répondre de deux chefs d'accusation en juillet 1945 : le premier l'accuse durant son mandat de recteur d'avoir placé l'université au service de l'État-régime du Parti national-socialiste des travailleurs allemands, en soumettant l'institution universitaire à la règle nationale-socialiste du culte du Führer.

Le second chef d'accusation porte sur la corruption idéologique exercée sur les étudiants en philosophie et sur les restrictions de la liberté d'enseignement exercés sur les enseignants.

Avant d'aborder le témoignage de l'inculpé, il nous semble nécessaire de rappeler l'avertissement de ses avocats en postface à la traduction française.

Comme le texte, édité avec le concours de ses avocats, n'est pas celui qui a été réellement prononcé, ils livrent l'explication suivante[114] :

> Ainsi aurait pu parler M. Heidegger. Qui dans les faits ne parla pas ainsi. À la manière des plaidoiries de Lysias, nous avons rédigé pour notre client Martin Heidegger le texte de la déclaration à prononcer lors de sa comparution devant la commission de dénazification de l'université Albert-Ludwig de Fribourg-en-Brisgau le 23 juillet 1945. Au sens le plus littéral, notre plaidoirie est donc un discours pour Heidegger. Pour autant, nous ne l'avons pas rédigée selon notre gré ; dans la défense de la cause de notre client, nous devions le représenter de telle manière qu'en ultime instance sa voix fût entendue. (…) Pour faire résonner l'œuvre et la vie de Martin Heidegger, il nous a fallu nous accorder à elles.

[114] V. Allen et A. D. Axiotis, *L'art d'enseigner de Martin Heidegger pour la Commission de dénazification*. Trad. fr. par X. Blandin, Paris, Klincksieck, 2007.

Étant donné l'érudition très personnelle dont le texte fait preuve, notamment en ce qui concerne les interprétations de Platon et d'Aristote, les allusions à la philosophie médiévale ou encore les paraphrases de *Sein und Zeit*, on peut estimer que le pari des avocats est à la fois réussi et en même temps atténue les chefs d'accusation au profit d'un résumé de la pensée de Heidegger que l'on a dégagée du contexte historique.

En première lecture, ce qui frappe, c'est que Heidegger ne parlera pas des faits, ni n'essayera de les replacer dans leur contexte, ni même ne niera la compétence d'un tribunal placé sous un régime d'occupation militaire français qui vise une politique générale de dénazification. On aurait pu s'attendre – et Heidegger l'admet lui-même – que l'intéressé se pose en témoin privilégié des dilemmes cruciaux que rencontraient les intellectuels nazis enfermés dans un conflit de loyauté, pressés par la terreur et menacés dans leur liberté. Or, dans ses propos, on ne trouvera rien de cette condition d'otage qui pourrait justifier au moins une rétractation, des excuses, des remords ou davantage même la reconnaissance de ses erreurs.

Le plaidoyer de Heidegger se situe d'emblée sur un autre plan, celui où il excelle, l'ouverture de questions sur la vérité, sur ce qu'est une plaidoirie, sur l'*Apologie* de Socrate, en y convoquant tout son savoir sur la Grèce antique et le prestige des penseurs de ce berceau de la pensée. Heidegger adopte une stratégie de surplomb que l'on pourrait considérer comme parfois hors sujet ou en tout cas hors de portée de ses juges, et qui lui permet de suspecter l'Allemagne nazie autant que les Alliés d'avoir abusé des moyens techniques de destruction massive.

Il se pose moins en tant que témoin qu'en penseur qui lègue un testament à l'Université du futur. Il se lance dans une « haute pensée » qui a pour objet la critique des concepts premiers de la grande tradition métaphysique. Cette posture – insolente – se retrouve dans les *Carnets*.

Revenant sur le *Discours du Rectorat* qui constitue une pièce maîtresse de l'accusation, il minimise alors l'évaluation que l'on a pu avoir de son rôle dans l'Université qui, il le rappelle, est d'abord

Université avant d'être nazie. Car ce qu'il défend pour l'avenir, c'est que l'Université se situe au carrefour de chemins (et non des dogmes), d'« ouvertures », de discussions et d'explications. Malheureusement, dans les faits, l'institution se trouve inévitablement liée à un système : à un système religieux pour sa naissance ; à un système nationaliste durant la période hitlérienne et peut-être à un système libéral (capitaliste) pour son avenir. Le Recteur qu'il a été, et qui lui n'a pas oublié ce qu'était l'essence de l'Université, ce Recteur aurait voulu en empêcher la décadence en un enseignement uniquement pratique. Et pour ce faire, il aurait repris à son compte l'exemple de Socrate aux fins de modifier les relations, depuis trop longtemps autoritaires, entre enseignants et enseignés. La différence hiérarchique entre les parties intéressées serait ainsi modelée sur l'échange et non, ce qu'elle devrait être, sur la maturation commune des partenaires. Heidegger préconisait pour tous les étudiants un retour aux origines du savoir, origines d'une pensée du réel dont la langue grecque est porteuse. Il faudrait revenir à repenser ce qu'est une apologie, ce qu'est la rhétorique dans ses rapports avec le politique, et avant qu'elle soit corrompue par les techniques de persuasion qui usent de la force ou de la doxa. La conception heideggérienne de l'essence de l'université n'a donc pu consister en la soumission à un régime politique ; la Grèce de Heidegger n'aurait donc rien à voir avec la Grèce aryenne de Rosenberg, pas plus que *La Rhétorique* d'Aristote n'a à voir avec la propagande de Goebbels. Mais les circonstances ont fait que...

Tels furent les arguments de la défense de Heidegger en 1945, des arguments orientés pour effacer par la même occasion sa passivité devant les pogroms, sa germanophilie et son admiration momentanée (?) pour le Führer. Il n'a pas non plus « corrompu la jeunesse » par le nazisme, second chef d'accusation, mais avoue son impuissance devant le cours des choses[115] :

> Ceux qui espéraient entendre ici des aveux de culpabilité ou des protestations d'innocence auront été déçus de ce qu'ils auront trouvé. Sous le sceau de ce tribunal, mes paroles auront été celles d'un legs, quel qu'inopportun et prématuré qu'il soit, laissé

[115] V. Allen et A. D. Axiotis *L'art d'enseigner de Martin Heidegger pour la commission de dénazification*, *id.*, p. 41.

par un éducateur tragiquement écartelé entre un pas-encore et un déjà plus.

Les omissions volontaires de Heidegger concernant son inscription au Parti, son serment de fidélité et son rapport aux autorités n'échappent pas à la Commission de dénazification composée d'Allemands antinazis : Constantin van Dietze, Président, A. Allgeier, A. Lampe, Fr. Oehlkers et G. Ritter. Constantin van Dietze, un survivant de Ravensbrück, échappa de peu à l'exécution grâce à la chute du régime hitlérien. Il était agronome, juriste et théologien, membre de l'« Église confessante » et en relation avec les membres du putsch contre Hitler, complice donc de Goerdeler et de Bonhoeffer. Comme eux, il fut accusé de haute trahison. Artur Allgeier était prêtre théologien et médecin. A. Lampe avait occupé une chaire d'économie politique. Ancien combattant, très conservateur, il s'était montré timide à l'égard du régime et son poste intérimaire d'enseignant à Fribourg lui fut supprimé par le Recteur. A. Lampe lui en tenait rigueur et accusait Heidegger d'avoir converti une foule d'étudiants au nazisme. Fr. Oehlkers était un chercheur botaniste d'une réputation internationale. Ayant épousé une juive, il avait été tellement harcelé par les nazis que son fils s'était suicidé. Gehrard Ritter avait été l'élève d'Ernst Cassirer, et forcé à l'exil parce que juif. En fait, il fut contraint à un fameux jeu d'équilibriste durant la période de terreur. D'abord partisan de la cause nazie, il manifesta ensuite son indépendance dans une mesure tolérable par les autorités. Enfin, il accomplit des actes de résistance de plus en plus audacieux : il est le seul membre du corps professoral de Fribourg à avoir assisté aux funérailles d'E. Husserl en 1938 ; il fonda le Cercle de Fribourg et recruta dans son Cercle Adolf Lampe, Constantin von Dietze, Franz Böhm et Walter Eucken, qui réfléchissaient à l'après-Hitler. Finalement, en tant que conseiller de Carl Friedrich Goerdeler (1884-1945), responsable essentiel de la résistance civile et impliqué dans le putsch contre Hitler, il fut arrêté par la Gestapo, mais alors que C. Goerdeler ne put échapper à l'exécution, G. Ritter eut la chance d'être délivré par les Russes.

Bien qu'ils eussent été nettement plus exposés au régime nazi que Heidegger, tous les membres de la Commission avaient craint de trahir l'Allemagne nouvelle. Mais, parce qu'ils avaient aussi connu des doutes et des changements de cap, ils ne lui étaient pas hostiles, excepté A. Lampe. Se poser en pédagogue avec un langage aussi personnel et complexe, ce qui fut la contre-argumentation de Heidegger, pouvait apparaître comme une manœuvre de diversion. Autrefois, Heidegger avait engagé une polémique avec un pédagogue de métier, Ernst Krieck, qui lui avait reproché vertement son langage abstrait et la contradiction qu'il y avait à prétendre à une philosophie existentielle tout en remplaçant le réel par le concept. E. Krieck pensait que pour son style abstrait la pensée de Heidegger serait rapidement dépassée par l'hitlérisme qui, lui, « savait au moins dans la pratique ce qu'il en était du sang et de la race[116]. » Le premier verdict de la Commission fut rendu fin de l'été 1945. Il déclarait que Heidegger avait été un partisan du national-socialisme, qu'il avait influencé les Lettres allemandes dans ce sens, mais que cet engagement s'était terminé en 1934. La Commission lui recommandait d'accepter la mise à la retraite anticipée. Le verdict ne satisfit ni A. Lampe, ni d'autres professeurs, ni Heidegger, lui-même qui espérait une réhabilitation totale. Après réflexion, le philosophe recula devant les conséquences possibles d'un entêtement de sa part et se contenta d'un statut de professeur émérite. Il s'en expliqua dans sa *Lettre du 4 novembre 1945* adressée au rectorat académique de la même Université.

La *Lettre du 4 novembre 1945* adressée au Rectorat académique de l'Université Albert-Ludwig[117]

La teneur de la lettre qui concerne la restauration de l'Université ne change en rien la déclaration précédente. Mais le langage de son auteur a perdu de sa grandiloquence et contient les aveux d'une erreur. Heidegger a cru qu'utilisant un mouvement – reconnu par

[116] Pour son appartenance aux cadres du NSDAP, E. Krieck fut interné par les autorités d'occupation dans le camp de concentration de Moosberg en 1945 où il mourut le 19 mars 1947.

[117] Le texte est édité dans les *Cahiers de l'Herne* consacré à Heidegger ; Paris, Le Livre de Poche, coll. « Biblio Essais », 1983, n° 4048, pp. 395-4051.

le peuple allemand – il pourrait en assouplir les principes essentiels et, par la même occasion, protéger l'Occident. Il prétend avoir aspiré à favoriser dans l'université une position « spirituelle », ce qui veut dire pour lui que l'université allemande devait continuer à s'appliquer à des questions portant sur ce qui n'avait pas encore été pensé, comme, à titre d'exemple, la question du rapport de l'homme et de la langue. Or ce type de questionnement n'avait rien de nazi. En conséquence, Heidegger considère son départ comme une « résistance spirituelle » à une institution promise sous le régime hitlérien à devenir simplement un lieu de savoir au service d'une profession. Il se reproche d'avoir fait confiance à l'Hitler de 1933 et se rend bien compte que ses projets heurtaient les instances officielles ainsi qu'une partie du corps professoral. Après ce retrait, il se tint à l'écart de tout contact avec le Parti qui à son tour tint à son égard des propos blessants suite à une conférence donnée en 1938 et intitulée « La fondation de la conception moderne du monde par la métaphysique » : « La conférence du professeur Heidegger qui ne doit sa réputation qu'au fait qu'il n'est compris de personne et enseigne le néant…, etc. »

On actera donc l'aveu d'une « erreur » qui soulève quand même une série de questions sur la perspicacité d'un penseur qui a connu la guerre et les troubles politiques de l'après-guerre, même si une bonne part des universitaires restaient apolitiques avant la montée du nazisme. Comment se fait-il que la terreur qui permit les victoires électorales d'Hitler, les effets de l'idéologie antisémite qui ont affecté des collègues ou des étudiants, dont H. Arendt contrainte à l'exil, dont Jaspers qui a épousé une juive…, n'aient pas au moins alerté le penseur ou n'aient pas orienté sa réflexion sur des sujets comme l'essence de l'État dans la ligne de Hegel, comme la relation interpersonnelle dans la ligne d'Aristote, ou comme l'essence de la politique chez le même Aristote ? Comment penser qu'une idéologie exprimée en toutes lettres par Hitler lui-même, par Rosenberg en conformité à Hitler, et diffusée par Goebbels ait pu lui faire croire que ses projets eussent pu avoir la moindre chance de réussir sans passage par la violence ? En face de lui, les Rosenberg et Goebbels et toute la littérature racialiste étaient de parfaits contre-exemples d'une révolution « spirituelle » dans le sens courant et pacifique.

Hitler, Rosenberg et Goebbels étaient parfaitement conscients que la mise en acte du nazisme ferait couler du sang. Ils étaient prêts pour une rédemption sanglante.

La lecture des *Carnets* démontre que Heidegger n'avait pas beaucoup de sympathie pour ces personnalités, au moins comme représentants de ce qu'il entendait par « penser ». Comment se fait-il qu'il n'ait pas assisté aux obsèques de son maître Husserl, alors que G. Ritter s'y trouva et ne fut pas inquiété ? Encore heureux que le Père van Breda emmenât l'épouse de Husserl à Leuven et, la soustrayant aux camps de la mort, la cacha jusqu'au départ de celle-ci aux États-Unis.

En même temps, il fit passer par la valise diplomatique trois grosses malles de manuscrits qui furent recueillis par les archives dites « Husserl » de Leuven, et échappèrent ainsi à la Gestapo. C'est la question complexe de l'antisémitisme de Heidegger qui interpela Friedrich Oehlkers[118] et qui le poussa à demander un supplément d'enquête. Celle-ci n'aboutit qu'à la conclusion d'une attitude ambiguë. Percevant des réticences à propos de ses demandes de réhabilitation, Heidegger sollicita une intervention de son ami Karl Jaspers et de son ancien mentor, Conrad Gröber, archevêque de Fribourg.

Mais, devant le refus d'une rétractation claire et nette et plus encore parce que Jaspers considérait la pensée de Heidegger comme dangereuse pour les étudiants et croyait à une implication plus profonde dans le nazisme qu'Heidegger ne le disait lui-même, il recommanda la révocation de Heidegger bien qu'adoucie par l'allocation d'une pension de subsistance. Les trois chefs d'accusation furent donc retenus. Mais *in fine* les suggestions de K. Jaspers furent suivies. Le 28 décembre 1946, il fut décidé de lui interdire toute participation aux activités universitaires ; il fut mis à

[118] Voir la Lettre de F. Oehlkers du 22 décembre 1945, publiée dans *Martin Heidegger, correspondance avec Karl Jaspers,* Paris, Gallimard, 1996, p. 419. L'auteur s'inquiète des plaintes du philosophe à sa femme Elfride à propos de la manière dont les professeurs juifs ont, selon lui, envahi les chaires universitaires. Cf. aussi E. Faye, *Heidegger, L'introduction du nazisme dans la philosophie. Autour des séminaires inédits de 1933-1935* ; accessible sur www. revue-texto.net/1996-2007/Parutions/CR/Faye_Preface.pdf.

la retraite sans éméritat et l'allocation financière fut acceptée. Mais, dans un but de pacification, l'ensemble des sanctions fut déjà levé en 1951.

De 1946 à 2015 : soixante-neuf ans de controverses et plus : fortement, faiblement ou pas du tout nazi ?

Dans les années 1950, Heidegger restait convaincu que si le nazisme avait été un échec, un monde bipolaire assurerait la domination planétaire de la technique. La forme de cette domination importait peu.

Quant à ce que Heidegger pensait de l'épreuve de la dénazification, son témoignage est significatif [119] de son pangermanisme :

> La véritable défaite ne consiste pas dans l'effondrement du Reich, dans le fait que les villes ne soient plus que ruines, que les hommes soient tués par d'invisibles machines de mort, mais dans le fait que les Allemands se laissent acculer par d'autres à l'auto-anéantissement de leur être et le fomentent eux-mêmes sous l'apparence plausible d'éliminer le régime de terreur du « nazisme ». Ce qui est mis sur le marché aujourd'hui comme philosophie du national-socialisme, et qui n'a rien à voir avec la vérité interne et la grandeur du mouvement (c'est-à-dire avec la rencontre, la correspondance, entre la technique déterminée planétairement et l'homme moderne) fait sa pêche en eau trouble dans ces « valeurs » et ces « totalités. »

Dans cet extrait, le penseur renie le nazisme historique, non pas pour le contester, mais pour regretter que l'idéologie n'ait pas été à la hauteur de ses ambitions. En tout cas, aucun de ses jugements ne reflète le moindre souci de critique de la portée de ses propres écrits sur le terrain politique. Il s'y refuse au nom du principe illusoire que la philosophie n'ait rien à devoir à la politique. Or, en 1958, il n'est plus possible à moins de mauvaise foi, de déclarer qu'il ignorait les crimes de guerre, les actes génocidaires, et

[119] M. Heidegger, *Remarques II*, § 66-75.

surtout la terreur souvent absurde exercée par les nazis à l'encontre de la population allemande au moment de la défaite assurée[120].

Que la guerre ne fût qu'un geste d'autodéfense d'une nation enclavée par sa situation géo-politique est la thèse que Heidegger continue à partager avec son ami E. Nolte et sur laquelle, malgré les tournants de l'Histoire, il ne reviendra pas. Campé sur ses convictions, il ne les changera pas d'un iota et ne prendra pas la mesure des aspects spécifiques du conflit.

L'œuvre du philosophe se poursuivit, plus attirée par le haut-langage de la poésie, mais soutenue par le succès des traductions qui s'étendent aux pays orientaux. Dans une interview donnée au *Spiegel* le 3 mai 1976 et publiée en 1986, Heidegger, lui-même, confessait son erreur[121] :

> Je croyais à l'époque que dans la confrontation critique avec le national-socialisme, une nouvelle voie, la seule encore possible, vers un renouvellement pourrait éventuellement voir le jour.

Pour un temps, le public français resta insensible à l'épisode nazi de Heidegger jusqu'aux travaux d'Emmanuel Faye et du groupe de chercheurs qu'il avait réuni autour de lui. Ils restèrent sceptiques devant les excuses avancées par le philosophe et virent dans le nazisme moins une étape anecdotique, que le fondement caché de la philosophie heideggérienne.

De son côté, Pierre Marchand écrit avec passion[122] :

> Je maintiens que l'homme qui sanctifie ainsi Goebbels dans GA, 97, p. 157 est le même « penseur » que celui qui a rédigé le § 44 de *Être et Temps.*

Le dossier à charge est sans doute, vu à distance, accablant, et conduit E. Faye et les « anti-heideggériens » à recommander que la lecture du philosophe soit retirée du programme de l'Agrégation,

[120] Voir I. Kershaw pour une analyse précise de la fin et de l'exercice de la terreur sur la population allemande du IIIe Reich dans *La fin, 1944-1945*, Paris, Seuil, coll. « Points Histoire », 2012.

[121] P. Trawney, *Heidegger et l'antisémitisme,* Paris, Seuil, 2014.

[122] P. Marchand, « Heidegger et le nazisme, Le phiblogZophe/, 1er avril 2015 » ; accessible sur http://skildy.blog.lemonde.fr/2015/04/01/heidegger-prejuge-verite-nazisme-goebbels/

sous-entendant par là non seulement que tout ce qui est heideggérien est nazi et antisémite et que transformer un régime aussi intransigeant sur la question de la race relève de l'aveuglement. Cette impossibilité fut pourtant partagée par un grand nombre d'universitaires et reste nimbée de zones d'incertitude à attribuer à la complexité de la gestion familiale et à la carrière de fonctionnaire du régime. Heidegger a bien côtoyé des étudiants juifs et n'a jamais adopté la conception caricaturale telle que diffusée dans les journaux nazis. Il n'a pas non plus autorisé l'autodafé des livres juifs de la bibliothèque de l'université. Mais il ne s'est jamais prononcé clairement contre la Shoah, alors qu'après les hostilités il en avait l'occasion. Ce qui le hantait et qu'il avait dû apprendre de l'expérience militaire de ses fils, c'était la menace rouge. Il s'est retranché dans une position qui lui permettait de rejeter de toute méditation en quête de sens aussi bien le nazisme racialiste et vulgaire de Rosenberg et consorts que le christianisme. Mais ce mouvement de pensée déconcerte quand il rejette religions, idéologies, visions du monde de l'historien, du sociologue, et même de tout scientifique.

À la décharge de Heidegger

En 1934, même si les ambitions de Hitler à l'Est étaient revendiquées, le *Journal* de Rosenberg de cette année montre que les alliances ne sont pas déterminées, mais que les conséquences de la Révolution soviétique sur les prolétariats impressionnent tous les pays d'Europe et surtout les intellectuels conservateurs dont Heidegger fait partie.

En fait, au sein du mouvement nazi, Heidegger rencontrait des sympathies et des antipathies. Des sympathies auprès du juriste Erik Wolf, du juriste Carl Schmitt et du théoricien de l'eugénisme Eugen Fischer. Ces diverses références peuvent à juste titre rendre le lecteur perplexe. Il est clair que la tournure des événements et l'échec du rectorat l'invitent à prendre ses distances vis-à-vis du Parti, mais il est clair aussi qu'il est préoccupé par des problèmes familiaux parmi lesquels la détention de ses deux fils prisonniers des Russes. Les « libérateurs », d'où qu'ils viennent ne trouvent, excepté certains Français, que peu de sympathie de sa part.

Autre argument, dont la Commission a tenu compte : l'intérêt mondial suscité par ses publications, intérêt perceptible dans les traductions et dans les innombrables commentaires qu'elles ont suscités.

L'enquête ne pourrait pas non plus se passer des témoignages nombreux d'étudiants qui n'ont perçu aucun antisémitisme dans sa pensée. Parmi des noms qui atteindront la notoriété : Jean Patocka, Hermine Rohner, Siegfried Bröse, Walter Biemel, Georg Picht, Hans-Georg Gadamer... Mais il n'en va pas de même de Gunther Anders (1902-1992), élève de Husserl et de Heidegger, qui perçoit en lui un partisan acharné du nazisme et développe à sa manière une critique violente de la tentation technicienne qui a montré ses effets désastreux dans l'usage de la bombe atomique.

Pour ce qui est de l'essence de la technique, Heidegger prolonge une méditation sur l'industrialisation à outrance qui caractérise la fin du siècle précédent et culmine dans l'exploitation de l'énergie nucléaire à des fins militaires. On trouve la célèbre formule du supplément d'âme dans *Les deux sources de la morale et de la religion* de Bergson. Heidegger qualifie l'essor de la technique de « victoire de la pensée calculante ». Il prophétise les dangers de l'expansion universelle de cette pensée et de la domination de la technique et de l'économie sur toute autre considération de valeur. Avec un tel avenir, la Nature risque de disparaître et la Terre d'être livrée à une exploitation effrénée de toutes ses ressources. Soit. Mais son pessimisme l'empêche de voir que la technique dès l'aube de l'humanité est aussi prolongement essentiel du corps humain. Aujourd'hui, confrontés aux nouvelles techniques et aux nouvelles ressources qu'offrent les sciences du cerveau et la physiologie des moyens de connaître, ces débats autour de l'oubli de l'être, de la distance vis-à-vis de la sphère ontologique, paraissent marquants, sans doute, mais surannés.

L'affaire des *Carnets*

Les *Carnets,* revus pour l'impression par Heidegger et son frère, qui couvrent les années 1931 à 1938 apportent leur lot de surprises dont – ce qui est rare chez Heidegger – des observations concrètes sur la situation de l'Allemagne oppressée par la crise économique et en proie à l'administration nazie. On rappellera que les réflexions ne sont pas définitives, peuvent varier et s'affiner au gré des pages et des sollicitations extérieures. Il s'agit d'une pensée qui se cherche. On y trouve les témoignages qui rencontrent les positions officielles de Heidegger, notamment devant la Commission. Leur publication offrait l'occasion de clarifier la situation du philosophe sur ses rapports au nazisme et sur son rapport à l'antisémitisme. Le prophète est venu trop tôt[123] :

> Le moment de mon engagement était prématuré ou, pour mieux dire, parfaitement superflu ; la « direction actuelle » ne doit pas s'attendre à un changement interne ni à ce que les étudiants prennent en main leur éducation, mais à une accumulation aussi visible que possible de nouvelles directives ou à un changement impressionnant de ce qui a eu cours. (....) Nous demeurerons sur le front invisible de l'Allemagne spirituelle secrète.

La dernière phrase exprime avec sincérité ce que fut le retrait de Heidegger jusqu'à la fin de la guerre. On en arrive à comprendre que, plongeant sur cette phrase, les heideggériens puissent faire de Heidegger un résistant passif au nazisme... à quoi il importe d'ajouter « vulgaire ».

Comme dit dans l'introduction à son livre, le responsable de l'édition des *Cahiers noirs,* Peter Trawney[124], docteur en philosophie et professeur à l'université de Wuppertal, s'étonne des propos effrayants sur le judaïsme qu'il trouve dans la première série intitulée « Réflexions ». Selon ces *Cahiers,* le judaïsme est associé à un grand moment de l'histoire de l'être, entendons de l'histoire de l'Occident, dans le fait que la judaïté a collaboré à diffuser à l'échelle

[123] M. Heidegger, *Réflexions et Signes III,* § 101. Cité par F.-W. Von Hermann dans F.-W. von Hermann, F. Alfieri, *Martin Heidegger, La vérité sur les Cahiers noirs*, Paris, Gallimard, 2018. p. 100. Texte bilingue.

[124] P. Trawney, *Heidegger et l'antisémitisme,* Paris, Seuil, 2014.

du monde une forme de pensée « calculante » opposée à la pensée « méditante ». Contestant tout biologisme, Heidegger ne peut accepter le concept nazi de « race », mais projette la conception qu'il se fait de la judaïté comme une collaboration à l'expansion de l'esprit de calcul. Par cette expansion, la pensée juive déracine les peuples de leur histoire. Ces termes élégants ne font que sublimer en quelque sorte le stéréotype très populaire de la puissance financière juive, ou, en termes nazis, du judaïsme capitaliste complice de la ploutocratie internationale. Il y a là de sa part un raccourci inimaginable qui ne repose sur aucune donnée ni historique, ni sociologique, ni même théologique. Certes, le Juif heideggérien n'est pas le Juif des nazis, mais contribue à la modernité dans ce qu'elle a de négatif, dans cette modernité, cible privilégiée des attaques de Heidegger.

Avec une conception aussi étroite et parfaitement ignorante des contributions juives à la philosophie, comment ne pas participer, au moins intellectuellement, à la condamnation de ce peuple soi-disant promis à l'errance ?

On peut encore s'étonner que, dans les *Carnets* de 1939-1941 Heidegger, dont on connaît le talent critique en philosophie, adhère même comme Rosenberg et Hitler aux propos du *Protocole des Sages de Sion*. Dans une conversation reproduite dans *l'Autobiographie philosophique* de 1977, Jaspers, un témoin fiable et ancien ami, a attiré son attention sur la stupidité de cet essai polémique. À quoi Heidegger a répondu : « Il y a bien pourtant une dangereuse association internationale des Juifs. »

La réception dans les *Carnets* de la « philosophie nazie »

Puisqu'aussi bien la pensée chrétienne que la pensée nazie se sont dégradées en scolastique, c'est-à-dire en abandon du questionnement fondamental, il ne peut y avoir pour Heidegger de philosophie chrétienne ni de philosophie nazie qui, au fond, ne sont que des répétitions de dogmes. Sans qu'il les cite nommément, les idéologues du nazisme sont visés dans les passages suivants[125] :

> Une philosophie nationale-socialiste n'est pas une « philosophie » ni ne sert le national-socialisme, mais se contente de courir derrière lui avec un pénible pédantisme – attitude qui montre amplement l'inaptitude à la philosophie.

Et il ne peut y avoir le moindre fondement à une doctrine raciale[126] :

> Tout ce qui a trait au « sang », à la « race », à la « communauté populaire » réduite à l'identité ethnique, tout cela est vain, vu à l'aveuglette, si cela ne vibre pas déjà dans une audace de l'être.

En termes clairs : « … si cela ne vibre pas dans le sens de ma pensée », c'est-à-dire de la pensée originale d'un homme tourné vers l'avenir, comme il se présente lui-même.

La première confidence, qui date d'après l'échec du rectorat, conforte l'idée d'un dédain appuyé vis-à-vis du national-socialisme hitlérien. *Mein Kampf* défend un « matérialisme éthique » contraire au « matérialisme économique » du marxisme.

L'adjectif « éthique » choque d'autant plus qu'il rend ce matérialisme illusoirement supérieur au matérialisme économique ou marxiste. Mais Heidegger admet que ce versant éthique pourrait se dégrader en versant économique. Il entend par « éthique » « conduite de vie », ou « force donnant la capacité d'en découdre avec l'étant, sciemment, spirituellement et naturellement. » Et sans doute vise-t-il ses propres projets d'un nazisme d'avenir comme on a dit « spirituel » qui le distinguerait, lui Heidegger et toute l'élite qui le suivrait, du biologisme insupportable bien présent dans le nazisme « vulgaire ». Ce nazisme comprendrait en priorité une lutte pour ce qui est « Grand », une lutte pour le savoir telle que menée par le philosophe lui-même et telle que proposée aux étudiants dans le *Discours du rectorat*. Face à ce nazisme-là, soucieux d'un haut-savoir, le nazisme officiel, n'est-il pas lui-même une forme de dégénérescence ? Il est évident pour Heidegger que

125 M. Heidegger, *Réflexions V*, § 61, (1938), dans F.-W. von Herrmann, *op. cit.* p. 107.

126 M. Heidegger, *Réflexions X*, § 59, *id.*

le nazisme vulgaire fait partie pour d'un esprit de médiocrité petite-bourgeoise. Mais le philosophe engage dans ses jugements un champ d'oppositions de critères qu'il manie en juge de ce qui est philosophie et de ce qui n'en est pas : philosophie *versus* politique ; vitalité de la pensée versus décadence de la pensée ; pensée élevée *versus* pensée vulgaire ; pensée désintéressée *versus* pensée utilitaire ; système ouvert *versus* système clos[127] :

> Le national-socialisme est *un principe barbare.* C'est là ce qu'il a d'essentiel, et son éventuelle grandeur. Le danger, ce n'est pas lui-même – mais le fait qu'il soit minimisé dans des prêchi-prêcha sur le vrai, le bon et le beau (comme ce fut le cas dans une soirée de formation). Comme le fait que ceux qui veulent faire sa philosophie ne trouvent rien d'autre à y mettre que la « logique » traditionnelle de la pensée commune et des sciences exactes au lieu de comprendre qu'à présent précisément la « logique » en vient à se trouver dans l'urgence est dans la nécessité et doit trouver un nouvel élan.

Dans les *Carnets* de 1941 à 1945, on retrouve les craintes d'une défaite de l'Allemagne, moins sur le plan militaire, que sur le plan spirituel. Cette défaite aurait une grave conséquence en empêchant l'Allemagne d'assumer son héritage hellénico-germain. Alors, le judaïsme, pourtant décimé, aurait-il quand même remporté la victoire ? Si tel est le danger, alors il faut bien, à l'instar des « anti-Lumières », admettre que les nationalismes, voire les racismes, sont dans leur essence des modes nécessaires de conservation et d'auto-affirmation de l'identité. Cette concession étant faite au nationalisme allemand, rien ne permet pourtant de rapprocher la pensée de Heidegger du biologisme d'Hitler.

Les réactions actuelles

Dans son essai *Heidegger, les Juifs, la Shoah,* Donatella Di Cesare[128] pointe le contenu d'un *Carnet* que l'on croyait perdu,

[127] M. Heidegger, *Réflexions et Signes III,* cité dans F.-W. von Hermann, *op. cit.*, p. 105.

[128] D. Di Cesare, *Heidegger, les Juifs, la Shoah*, Paris, Seuil, 2016, p. 286 et suiv.

celui de 1945 à 1946. Il s'agit bien de réflexions – rares jusque-là chez lui – sur la Shoah, tragédie que Heidegger interprète (il devait donc en avoir connaissance) comme n'étant rien d'autre qu'une « auto-annihilation des Juifs par les Juifs. » Auto-annihilation, dit-il, parce que le complice de la technique s'autodétruit par la technique, ce qui suppose que le Juif ait plus que sa part de responsabilité dans l'industrialisation du monde[129]. Interprétation à ce point conforme aux stéréotypes nazis que Günter Figal, président de la « Société Martin Heidegger », estime qu'il n'est plus en mesure de défendre l'œuvre du philosophe. Donatella Di Cesare quitte à son tour son poste de Vice-présidente de l'association internationale « Martin Heidegger – *Gesellschaft* » de 2011 à 2015.

La réception de Heidegger par ses étudiants juifs

Nous avons montré brièvement comment H. Arendt s'était détaché de la pensée de l'ancien Recteur. Antonia Grunenberg a enregistré les réactions des étudiants juifs dans son livre *H. Arendt et M. Heidegger, histoire d'un amour*[130] :

> Après la guerre ces étudiants poursuivant leur propre démarche philosophique révèlent par rapport à leur maître une sérieuse perplexité qui tourne autour des questions : Pourquoi avoir choisi un penseur compromis pour son antisémitisme ? Et comment ne l'ont-ils pas perçu ? Comment a-t-il pu se leurrer sur l'essence du nazisme ?

Karl Löwith, un étudiant prometteur, prend rapidement ses distances par rapport à son maître et part pour Rome en 1934, puis, après un passage au Japon, s'installe aux États-Unis où il obtient un poste d'enseignant. Il revient en Allemagne en 1952 pour enseigner à Heidelberg. Il n'a de cesse de critiquer Heidegger.

[129] Sur la questions de l'auto-annihilation du Juif par le Juif, voir aussi *Remarques I* dans F.-W. von Herrmann, *op. cit.*, p. 345.

[130] A. Grunenberg, *H. Arendt et Martin Heidegger, histoire d'un amour*, Paris, Payot, 2012.

Herbert Marcuse s'exile aussi comme les autres personnalités de l'École de Francfort aux États-Unis où il travaille pour le gouvernement américain. Il se rapproche du marxisme théorique et est sans doute, à son corps défendant, un inspirateur de la libération sexuelle des années 1968. Sa correspondance avec Heidegger témoigne d'une critique serrée de l'aveuglement de son ancien professeur.

Hans Jonas part en 1933 à Jérusalem et combat dans la brigade juive. Il enseigne dans diverses universités américaines et développe une pensée écologique qui doit à son maître les critiques de l'expansion démesurée de la technique. Il ne pardonna à Heidegger ni son erreur d'appréciation du nazisme ni son manque d'empathie qu'il qualifia de débâcle de la philosophie.

Les impasses d'un au-delà rêvé

N'hésitons pas à l'affirmer, Heidegger, par ailleurs si sensible à une prétendue décadence métaphysique de l'Occident, échoue faute d'une réflexion distanciée sur un événement majeur, le judéocide. Il en était informé par l'écrit sur la « culpabilité allemande » rédigé par son ex-ami Jaspers. Par cette absence de réflexion sur un thème aussi sensible, il laisse la place à des générations de philosophes et d'historiens qui, eux, ont pris la mesure éthique et historique de l'événement. L'opposition permanente entre ce qui n'est pas pensé et la prétendue médiocrité de ce qui préoccupe la pensée de l'opinion dans les années trente amènent Heidegger à ne jamais vouloir s'abaisser aux écrits journalistiques ni au comptage funèbre des vies humaines sacrifiées.

Pour résumer, on trouve dans ses *Réflexions* un conservatisme obstiné, et, pour tout dire un enracinement dans des jugements partiaux sur la modernité conçue uniquement comme période de destruction et de déclin. C'est pourquoi Vladimir Jankélévitch[131] (1903-2015), philosophe qui est parvenu à échapper à la Gestapo de Toulouse et à s'engager dans la résistance, ne lui concède aucune excuse parce que Heidegger a parlé de la judéité, donc seu-

[131] Voir V. Jankélévitch, *L'Esprit de résistance*, Textes inédits, 1943-1983. Paris, Albin Michel, 2015, p. 156.

lement du Juif « conceptuel », dont le destin est interprété par ses propres ambitions philosophiques. Il s'agit en fait d'un moyen commode pour contourner l'élimination des Juifs réels ; une stratégie aussi pour se hausser au-dessus de toute politique, et même de toute morale existante. C'est ce que E. Levinas a bien compris et, paradoxalement, les censeurs nazis de Heidegger.

On se prend à constater que sa pensée culmine dans une mystique, toujours imprégnée d'un nazisme rêvé. Le *Die Zeit* du 13 octobre 2016 ose parler à propos de Heidegger d'une chute, d'un désastre moral et intellectuel pour la culture allemande. Le plus grand démenti provient de sa brillante étudiante, H. Arendt, quand celle-ci entreprend depuis son exil aux États-Unis de déterminer les grandes structures des deux totalitarismes. Tout en engageant son expérience de proscrite et en défendant des thèses originales, elle use d'une méthode qui reste classique au moins dans la recherche des documents et de synthèses inspirées des événements. Selon l'auteure elle-même, l'écriture des *Origines du totalitarisme* a pris six ans de travail et parut en 1951. Elle fait œuvre, dit-elle, non de philosophe, mais d'historienne et de spécialiste de sciences politiques, sans convaincre entièrement les initiés de la branche. De toute façon, dans son analyse du nazisme, elle ne suit pas explicitement l'itinéraire de Heidegger, lui qui ne pouvait en aucun cas accepter cette réduction de la philosophie à la politique. Par ailleurs, il ne fit aucun commentaire sur l'essai de son amie. Le retour espéré vers une Grèce et vers une Germanie mythique apparaît pour lui comme un refuge qui n'excuse en rien son aveuglement dans l'interprétation des événements tragiques du siècle. Hors de la pression politique, l'abandon pour des raisons philosophiques du christianisme ne justifiait pas l'abandon d'un jugement éthique élémentaire, mais sans doute trop kantien à son goût.

Ajoutons que les extraits que nous publions des « lanceurs d'alerte » de France et d'Allemagne sont plus proches de la vérité du nazisme que la vision germanophile de Heidegger. À la fin de sa vie, il redoute encore une invasion soviétique, preuve d'une crainte permanente renforcée par les années de détention de ses fils.

De « plus grand philosophe du XXe siècle », Heidegger devient après ces dernières publications un témoin majeur des tentations totalitaires qui ont séduit des esprits formés successivement à la croyance en Dieu, puis à la « mort de Dieu » et enfin à la tentation nazie.

Il est sans doute dommage que l'Histoire ait parfois laissé dans ses marges le philosophe qui a donné son aval aux initiatives de ses étudiants quand ils s'organisèrent en cercle de résistance antinazie, dont l'histoire est bien connue depuis. Le mouvement antinazi de la *Rose blanche* (*Die Weisse Rose*) fut fondé à l'université de Munich au printemps 1942 par Hans Scholl et Alexander Schmorell. Ce dernier gagna Hambourg et ses tracts d'appel à une résistance morale narguèrent la Gestapo. Les membres du groupe dont Hans Scholl, Sophie Scholl, Willi Graff, Christian Probst, Anneliese Knoop-Graf, Wilhelm Knoop-Graf avaient obtenu la caution de leur professeur Kurt Huber[132] (1893-1943) qui, lors de son procès, vite expédié, exposa froidement ce qu'était vraiment l'éthique de Kant et par là même se posa en représentant de la haute valeur de la philosophie allemande. Pour un partisan d'un Kant nazifié comme Goebbels, l'âge et le courage des jeunes gens n'avaient aucune place. Ainsi approuva-t-il sans hésitation les sentences de haute trahison. K. Huber a montré, bien plus que le rusé Heidegger, une résistance sans ambigüité devant le nazisme. Il démontre aussi combien les intellectuels se sentaient enfermés dans un conflit de loyauté entre le refus et la trahison.

Erich Rothacker (1888-1965)

Dans ses relations politiques, le philosophe de l'université de Bonn côtoya les principaux leaders d'opinion nazis et contribua à sa manière à une pensée de la race. En 1933, il travaille au Service de la propagande de Goebbels. Lors des journées organisées en honneur de l'auteur de *La Généalogie de la morale*, on le retrouve en compagnie de A. Rosenberg aux Archives Nietzsche (*Nietzsche-Archiv*) de Weimar fondées en 1894 par la sœur de Nietzsche,

[132] Kurt Huber était un philosophe et un musicologue apprécié de ses étudiants. Il enseigna la philosophie à Munich, mais fut refusé à Berlin pour ses opinions catholiques. Il fut guillotiné à la prison de Stadelheim de Munich le 13 juillet 1943.

Elisabeth Förster-Nietzsche, pronazie acharnée comme le fut son mari.

Emmanuel Faye relève de profondes similitudes entre le parcours philosophique de Erich Rothacker et celui de Heidegger. À la différence près qu'E. Rothacker échappera plus facilement aux procédures de dénazification. Comme pour bien d'autres, la tâche qui s'imposait à tout éducateur allemand était celle de protéger la race d'une décadence et de suivre l'esprit de la tradition nordique. Or cette dernière a proposé deux styles de vie : l'esprit prussien et l'esprit nazi tel qu'incarné par Ernst Jünger, Hitler et Rosenberg. L'avènement de cette mentalité devient un modèle pour rejoindre les civilisations qui ont opéré, grâce à leur volonté et à leurs sacrifices, un tournant dans la conception de l'homme. Ce sens de l'honneur, et de la conscience de la race (Hitler, Rosenberg), de la noblesse (L. F. Clauss) et du travail (E. Jünger) ne peuvent s'acquérir que par des mesures eugéniques et par un dressage du matériau humain dès sa jeunesse. E. Rothacker verse A. Hitler, A. Rosenberg et W. Darré parmi les « philosophes de l'Histoire », du moins pour la période de la guerre. En ce, il est en parfait accord intellectuel avec les anthropologues et avec les hygiénistes.

Il s'est lui-même éloigné de ces thèses et a encadré son doctorat de personnalités qui marqueront l'après-guerre : Karl-Otto Apel, Jürgen Habermas et Hermann Schmitz. [133]

Ludwig Klages (1872-1956)

Ludwig Klages a laissé à la postérité une contribution scientifique importante dans le domaine des rapports entre caractériologie et graphologie, et à une revendication écologiste d'avant-la-lettre. Sa conception romantique d'un retour à la nature provient d'une réflexion critique sur Kant, qui n'a jamais vraiment dans le cadre d'un idéalisme transcendantal résolu la question de l'objet *en-soi* ni de la structure du monde extérieur qui, selon lui, ne reçoit de structuration que par les canaux humains de la connaissance. En fait, *l'en-soi* de Kant est, pense L. Klages, parfaitement connaissable,

[133] Cet ethnologue est connu de A. Rosenberg et cité en p. 126 de l'édition Ungraindesable, p. 2018.

dans la mesure où le moi est lui-même un élément de la nature réorganisé en consonance avec l'âme du peuple. L'irrationalisme et la connaissance par empathie sont les remèdes aux insuffisances de l'approche scientifique nécessairement réductrice de la nature. La biologie, pense-t-il, n'atteint dans le vivant que ce qu'il a de mécanique.

Ces thèses rejoignent une forme d'irrationalisme très présent depuis le romantisme et une audience certaine auprès de la jeunesse et de Munich et de Berlin. Elles suscitèrent l'admiration de Walter Benjamin[134]. L. Klages est cité dans le *Mythe* pour appuyer la thèse qu'il faut explorer les caractéristiques raciales, dont celle propre aux vertus nordiques, l'héroïsme. Il est très peu apprécié par Heidegger qui ne veut rien entendre d'un biologisme. Le fait que les thèses de L. Klages trouvent un écho dans la jeunesse déplaît à Rosenberg, comme il l'avoue dans son *Carnet* du 2 novembre 1938.

Ludwig Clauss (1892-1974)

La réputation de Ludwig Clauss en tant que spécialiste du Moyen-Orient dépasse sa contribution au nazisme qui fut, reconnaissons-le, modérée et périlleuse, puisque depuis 1933, il cachait à la Police d'État sa collaboratrice juive, Margarete Landé. Sa compétence d'ethnologue fut certainement mise à la disposition de l'Allemagne, mais au biologisme du nazisme « orthodoxe » il opposa une conception qui fait plutôt droit à l'âme des races, conception qui transcende les différences physiologiques. Disciple de Husserl, ses recherches influencées par la phénoménologie ont donc porté sur les caractères culturels et psychologiques propres aux ethnies, sans que le penseur ne revendique une hiérarchie entre elles. C'est un progrès véritable dans la perception des autres cultures.

[134] Walter Benjamin (1892-1940), rattaché à l'École sociologique de Francfort, est traducteur de Proust et un philosophe de l'art important pour ses recherches sur l'interprétation des œuvres. Il fut poursuivi par le régime nazi, s'enfuit en direction de la frontière espagnole et, croyant être rattrapé par ses poursuivants, se suicida.

Sa contribution est importante pour la compréhension de l'Islam. Sa notion d '« âme des races » pouvait être aisément acceptée par des nazis en quête de confirmations scientifiques ou pseudo-scientifiques de leurs thèses. En outre, L. Clauss influença certainement l'itinéraire d'une des références privilégiées des néo-fascistes italiens : Julius Evola… Il fut exclu du parti en 1943, parce qu'il avait vécu avec une collaboratrice juive et qu'il ne parvint jamais à convaincre ses juges que « c'était pour mieux observer les caractères de la race juive ».

Julius Evola (1898-1974)

Julius Evola est un oublié des histoires de la philosophie, mais revenir sur sa conception de la transcendance, sans doute dénaturée, n'est pas inutile. Pour le philosophe italien, d'origine catholique, le catholicisme se réduit à une théologie de l'égalité et de la soumission à laquelle il oppose l'idéal de l'individu viril, absolu, au-delà des lois, et détenteur d'une tradition à l'image des mythes nordiques. Selon une interprétation simplifiée de ce philosophe de la transcendance, cet individu idéal pourrait s'incarner dans des personnalités charismatiques comme Hitler ou Mussolini. J. Evola relève dans toutes les civilisations une dimension spirituelle qui découle d'une conception universelle de l'intériorité qui se manifeste sous trois aspects : le corps, l'âme et l'esprit, trois entités qui s'expriment à des degrés divers dans toutes les « races » ; concept à comprendre non dans le sens biologique, mais dans le sens d'ensemble de « caractères spécifiques » à une civilisation donnée. Toute civilisation a ses élites et ses spécificités. Ce sont ces dernières qu'il faut développer. J. Evola écrit en effet[135] :

> Le vrai sens de la doctrine de la race, c'est en effet l'aversion pour ce qui est en dessous ou en deçà des différences, avec ses caractères d'indifférenciation, de généralité, de non-individuation.

Le corps ne constitue pas un véritable obstacle à la transcendance humaine, puisqu'il est d'abord guidé par l'âme ; l'hérédité physique n'a donc rien de fatal. L'âme se manifeste dans l'héroïsme ou dans la fidélité et s'exprime différemment chez les Blancs, les

[135] J. Evola, *Sintesi di dottrina della razza,* Milan, Hoepli, 1941, p. 27.

Jaunes, les Noirs. Elle possède une existence et une hérédité propres, différente de l'hérédité physiologique.

L'esprit peut être considéré comme la force de progression d'une société, incarnée par exemple dans la fermeté, le calme, la rationalité qui est propre aux Nordiques ; l'esprit s'oppose aux forces de l'irrationalité, du fatalisme, de la passivité, bref de la décadence.

Par rapport au fascisme, J. Evola adopte un point de vue distancié qui lui permet d'en retirer une impression plus nuancée que celle que l'on trouve dans diverses incarnations du fascisme. Pour l'aspect positif : l'héroïsme, le nationalisme, l'unité et l'identité ; pour l'aspect négatif, un héroïsme qui peut virer au bellicisme ; un nationalisme qui peut verser dans le totalitarisme et un corporatisme qui peut se mettre au service d'un capitalisme d'État.

Selon ses critères, le système fasciste échoue devant la révolution spirituelle qu'il appelle de ses vœux. Dès lors, le philosophe finit par se retrancher derrière un conservatisme hautain.

Carl Schmitt (1888-1993) : affirmer son identité dans une guerre de tous contre tous donne tous les droits

Carl Schmitt, le représentant des « Jeunes conservateurs », synthétise la doctrine nazie au niveau du droit. Comme la plupart des juristes et des philosophes de la politique de l'école de Fribourg, notoirement nazis, il parvient à échapper aux tracas de l'après-guerre qui sont pour lui, ancien juriste officiel du Reich, assez graves. Il devra se justifier devant le procureur américain de Nuremberg, Robert Kempner. Mais pour lui comme pour d'autres accusés, Nuremberg n'est que le procès des vainqueurs. En juriste avisé, il aura beau jeu d'invoquer devant ses juges le caractère rétroactif des lois invoquées lors du procès et le caractère absolument inédit en droit des notions de « crime contre la paix » et de « crime contre l'humanité ». Vidant le politique de toute éthique et considérant que le droit est une arme, le vaincu ne peut être ni plus ni moins criminel que le vainqueur. Devant la Commission d'enquête, il pourra invoquer en sa faveur un article menaçant à son égard émanant du journal *SS, Der schwarze Korps.*

Il est condamné à une détention d'un peu plus d'un an et rédige durant l'année 1946 le résultat de ses expériences de juriste du Reich, sous le titre *Ex captivitate salus.* Après la guerre, il retournera à ses travaux d'universitaire et reconnaîtra timidement ses erreurs sans modifier le fond de sa pensée ni revenir sur son antisémitisme. Il n'est pas le seul à partager cette insolence parmi les anciens du Parti. Disons d'emblée que les événements de la Grande Guerre et de la République de Weimar expliquent – mal – que ce catholique prenne une position de pointe en faveur de l'État totalitaire et d'une politique d'un réalisme pragmatique sans concession.

On le sait : la Guerre fut mondiale et totale, et constitua donc un exemple parfait de ce que Thomas Hobbes (1588-1679) appelait la lutte de tous contre tous, avec ses trois causes principales : la rivalité, la méfiance et la fierté ; selon nombre d'historiens, cette guerre répond plus à des facteurs politiques qu'à des facteurs économiques ; enfin, la solidarité religieuse entre pays européens, laquelle aurait pu endiguer l'effusion de sang, n'entra même pas en ligne de compte auprès des têtes couronnées ; le nationalisme est resté dominant et le traité de Versailles catastrophique pour l'Allemagne et même pour ceux des Français qui défendaient le pacifisme.

Toutes ces données contribueront à orienter les conceptions de C. Schmitt qui se pose un penseur de ce qui s'est effectivement passé et non de ce qui aurait dû se passer. À sa charge, cette invocation aux erreurs des Grands ne peut faire oublier ni ses propres discours enflammés en faveur du *Führerprincip,* ni l'acceptation de l'assassinat comme arme politique, ni l'éloge de l'action du Führer contre l'« esprit ».

Il adhère au parti en 1933 en même temps que Heidegger et Arnold Gehlen, et fonde une école de juristes nazis avec des disciples brillants comme Erik Wolf et Ernst Forsthoff. Goering le nomme au Conseil d'État de la Prusse où il siège à côté de Himmler et d'autres dignitaires nazis. Il devient titulaire de la chaire de droit public de l'université de Berlin et le restera jusqu'à la fin du régime. Il est clair qu'Hitler incarnait sans doute l'image parfaite du chef plébiscité s'élevant au-dessus des partis tel qu'il l'avait imaginé comme solution à l'« acéphalie parlementaire ». C'est ce qui explique aussi sa constante fidélité à Hitler, même après la « Nuit des longs couteaux » de 1934 : « *Der Führer schütz (protège) das Recht* », dit-il le 1er août 1934 dans la *Deutsche Juristen-Zeitung*, niant par là même la séparation des pouvoirs. À ses yeux, l'histoire de l'Allemagne n'est que le combat entre les forces dissolutives de la démocratie libérale et celles constructives de l'esprit prussien. En soumettant le droit aux décisions d'un homme, même si celui-ci est plébiscité, et en plaçant celui-ci au-dessus des lois, Schmitt détruit les fondements mêmes du droit qu'il remplace par la notion d'honneur : l'honneur est de servir le Führer mandaté par le peuple et donc à son service. À partir de cette vertu bien proche de la pensée de Rosenberg tout est permis et justifié, même un état de guerre permanent s'il est nécessaire à la survie idéologique du « meilleur des peuples ».

C'est Hobbes dans sa conception de ce qu'on appellerait une *realpolitik* qui le fascine : le *bellum* de tous contre tous est le postulat élémentaire, mais dissimulé, d'un système de pensée spécifiquement politique. Spécifiquement politique, car il n'y aura jamais de paix universelle et il est même vain comme l'a fait pourtant Kant, d'en rechercher les conditions de possibilité. L'originalité de C. Schmitt, si l'on peut dire, c'est d'intégrer à sa pensée du droit la guerre comme principe premier, élément indispensable du politique avec pour conséquence de la normaliser et donc aussi de la décriminaliser. De cette conception agressive des rapports humains, on pressent le parti que l'on peut tirer et les légitimations qu'elle peut invoquer. Le lecteur de *La Notion du politique*, essai qui date de 1927, doit accepter de laisser ses scrupules au vestiaire et d'admettre que ce qui distingue en propre le champ politique des autres champs n'est pas l'organisation de la cité pour le bien de tous, mais la « guerre comme origine de toutes choses », comme aurait dit Héraclite. Et il faut aller plus loin : la dissension politique n'est pas à proprement parler un champ parallèle à l'économique ou au religieux. Il se situe dans n'importe quel champ selon le degré d'intensité qu'y prennent les antagonismes. Ainsi les guerres de religion ou les concurrences économiques ne peuvent se soustraire au politique quand elles atteignent un certain degré d'intensité. Le critère du politique est essentiellement la discrimination de l'ami et de l'ennemi. Chaque champ détient ses critères : le champ de la morale a pour critère le discernement entre le bien et le mal ; celui de l'économie, entre l'utile et l'inutile ; celui de l'art, entre le beau et le laid. Une fois la spécificité des champs établie avec clarté, il devient clair que le champ politique échappe à la morale et à l'économie, et même qu'un jugement moral sur la politique devient une aberration. Dans ces conditions, ce qui compte, c'est l'existence du peuple et celle-ci ne se conçoit que dans un effort pour s'affirmer contre les menaces venues d'ailleurs. Seul donc un État fort représenté par un homme fort peut intervenir en s'affirmant contre l'étranger et en s'imposant aux groupes de l'intérieur qui par leurs mésententes ne cessent de menacer son unité. On verse alors dans une mystique de l'État et de l'État total, de l'État qui contrôle tous les aspects de la vie sociale. L'État est l'instance suprême qui décide de l'ami ou de l'ennemi, qui évalue le danger que l'ennemi fait courir et choisit les moyens pour le détruire. Cette légitimation de la destruction vaut pour l'ennemi extérieur comme pour l'ennemi intérieur. En riposte à une agression éventuelle, l'État dispose librement de la vie de ses citoyens. Aucune instance internationale ne peut intervenir dans la décision d'une guerre qui menace une identité[136] :

> S'il (un peuple) accepte qu'un étranger lui dicte le choix de son ennemi et lui dise contre qui il a le droit ou non de se battre, il cesse d'être un peuple politiquement libre et il est incorporé ou subordonné à un autre système politique.

Les principes wilsoniens passent à la trappe et la menace que leur absence pourrait faire courir à l'humanité est rapidement écartée : le concept d'humanité, celui d'une guerre juste au nom de l'humanité, toutes ces dénominations et ces intentions humanitaires ou éthiques ne sont que des prétextes, affirme-t-il, pour masquer un impérialisme qui doit son expansion au libéralisme anglo-saxon.

[136] C. Schmitt, *La notion du politique,* Paris, Flammarion, coll. « Champs », 1992, p. 91.

Partisan de l'identité nationale, C. Schmitt est resté antisémite jusque dans ses notes d'après-guerre réunies dans le *Glossarium*, confirmant ce qu'il disait déjà dans ses *Discours de 1936* :

> Dans la mesure où je me défends des Juifs, je lutte pour l'œuvre du Seigneur. » Le mouvement de cette réflexion aboutit à exclure de la sphère du politique toute allusion à la justice ou au besoin d'égalité, de simples armes conceptuelles au service de factions rivales. Toute tendance au pacifisme est une menace pour l'unité politique.

Abandon de la justice, puis de l'égalité... L'universalité de ces principes n'a plus aucune raison d'être. Le droit ne sera plus fondé sur une hiérarchie universelle de principes, mais sur celui du chef, de l'État et de la guerre permanente. On peut se demander d'où provient ce refus brutal de l'universalisme démocratique qui rallie les juristes du Reich. Johann Chapoutot[137] insiste sur ce renversement des principes du droit et en trouve la cause dans des croyances simplistes comme le fait que la démocratie libérale appartient à la juiverie internationale qu'incarnent les États-Unis. Le traité de Versailles, rédigé sous l'inspiration du Président Woodrow Wilson ne cherche pas seulement à détruire l'unité allemande, mais la vie même du peuple allemand. Il contredit même un des principes de la « Guerre juste », celui qui impose qu'il faille être juste envers l'ennemi. D'ailleurs, Hitler avait déclaré dans son *Discours* du 12 septembre 1938 à Nuremberg que la Paix de Versailles avait été conclue sous la menace d'un pistolet. C. Schmitt lègue à la tradition conservatrice le concept de « guerre civile de trente ans » pour désigner les conflits fratricides européens qui vont de la Première à la Seconde Guerre mondiale. Les guerres civiles ont des caractéristiques différentes des guerres inter-états : elles ne sont freinées par aucune idéologie, par aucune règle de droit et cherchent non une paix négociée, mais l'anéantissement total de l'adversaire. Telles étaient déjà la guerre de Trente Ans et la

[137] J. Chapoutot, *La révolution culturelle nazie*, Paris, Gallimard, 2017, p. 167.

Révolution française, moments de l'Histoire où disparaissent tous les idéaux légitimistes et normativistes[138] :

> L'hostilité devient si absolue que même l'antique distinction sacrée entre ennemi et criminel se dissout dans le paroxysme de l'autojustification. Douter de son propre droit passe pour une trahison ; s'intéresser à l'argumentation de l'adversaire devient de la sournoiserie ; et toute tentative pour discuter devient une sorte d'intelligence avec l'ennemi.

Malgré les critiques émises très rapidement par d'anciens étudiants, C. Schmitt ne semble pas avoir dévié de sa conception de la *Realpolitik.* En 1933, Otto Kircheimer, un de ses étudiants, en exil aux États-Unis, fait observer que, même si une élection démocratique a porté au pouvoir le chef d'une faction, sans pluralisme des acteurs politiques, il n'y a plus de démocratie. Dans son livre majeur, *Béhémoth,* Franz Neumann, un autre ancien étudiant de C. Schmitt, fait observer en 1942 que le système hitlérien engendre lui-même des conflits internes entre armée, économie, bureaucratie, et n'offre pas nécessairement de garanties suffisantes pour protéger la paix interne, pas plus qu'il n'en a pour conserver l'unité allemande.

Enfin, C. Schmitt devait bien s'incliner devant le fait que la guerre à l'Est dépassait les limites de l'horreur. Au nom du droit à l'existence de l'Allemagne, le juriste pose les justifications juridiques qui inspireront les conservateurs après la défaite. C'est que pour eux, l'Allemagne était menacée, en quelque sorte en état de légitime défense. Voici comment il envisage prophétiquement l'avenir du libéralisme[139] :

> Un impérialisme fondé sur l'économie tendra tout naturellement à amener une situation mondiale qui ne mette pas d'entraves au libre jeu de ces instruments de sa puissance économique que sont le blocage du crédit, l'embargo sur les matières premières, la dégradation de la monnaie étrangère, etc., et qui lui permette de s'en tenir à ceux-ci. Il nommera violence extra-économique toute tentative d'un peuple ou de quelque autre groupe humain cher-

138 C. Schmitt, *Ex captivitate salus : expériences des années* 1943-1947, Paris, Vrin, 2003, p.152.

139 C. Schmitt, *op. cit.,* p. 125-126.

> chant à se soustraire aux effets de ces méthodes pacifiques (...), l'adversaire ne porte plus le nom d'ennemi, mais en revanche, il sera mis hors la loi et hors l'humanité pour avoir rompu et perturbé la paix, et une guerre menée aux fins de conserver ou d'étendre des positions de force économiques aura à faire appel à une propagande qui la transformera en croisade ou en dernière guerre de l'humanité.

Il reste que l'adhésion au *Führerprinzip* constitue un véritable abandon de tous les principes de droit auxquels l'Occident a adhéré au cours des siècles. C'est donc de manière parfaitement légitime que Jouanjan Olivier peut écrire[140] :

> Le principe du chef en tant que principe même de la « communauté », est précisément ce qui détruit tout l'assemblage, le bricolage subtil de l'État par les juristes du XIXe siècle, selon lequel tout organe dirigeant, quelle que soit l'étendue de ses compétences, trouve toujours son principe dans une norme, un système normatif qui le précède et l'investit légalement de ses attributions ; il ne peut jamais être lui-même principe. Mais le Führer nazi est le principe même de la communauté, c'est-à-dire qu'il est à la fois *archè* et *telos* de la communauté, en amont et en aval. La communauté n'est donc rien qui puisse lui faire obstacle.

Ontologiquement, le chef représente légitimement la communauté. Ce principe est répercuté au niveau du droit. Les juristes ne disent pas autre chose que le Heidegger *du Discours de Rectorat* : le Führer « est la loi et la réalité allemandes ».

[140] O. Jouanjan, « Prendre le nazisme au sérieux ? », *Revue interdisciplinaire d'études juridiques*, Paris, 2013/1. (Volume 70), p. 1-23. DOI : 10.3917/riej.070.0001. Accessible sous : https://www.cairn.info/revue-interdisciplinaire-d-etudes-juridiques- 2013-1-page-1.htm

Chapitre 7

Le grand rival de Rosenberg : Joseph Goebbels

En raison d'un itinéraire compliqué entre la gauche et la droite et en raison d'un réel talent de metteur en scène en phase avec les foules, Goebbels devint un personnage-clé du régime pour entretenir l'empathie entre le Führer et le peuple.

La redécouverte récente de son *Journal,* véritable somme couvrant vingt-cinq années de la vie du ministre de la Propagande, permet de compléter la manière dont il s'adonne au service du dictateur. Lui aussi avait en tête d'être le prêtre d'une rédemption. Ce qui nous étonne aujourd'hui, c'est son itinéraire d'amateur de littérature, de docteur en philosophie et de jeune homme engagé dans la guerre des idéologies. Durant ses années de jeunesse, le jeune Goebbels s'est trouvé aux prises avec les complexes hérités d'un statut social-chrétien et modeste – un père, petit salarié dans une usine à mèches ; une mère, femme de ménage –, qui contrastent avec des ambitions universitaires et littéraires que pouvait se permettre un bon élève formé au grec, à l'éducation religieuse et à l'histoire. Il fut aux prises aussi avec les séquelles psychologiques d'une malformation du pied droit dont aucune opération médicale ne put le débarrasser. C'est à ce jeune homme en recherche d'une solution à son *spleen,* à ses déboires littéraires et sentimentaux, que nous nous intéresserons pour montrer comment la rencontre avec un « père de remplacement », une personnalité pour lui quasi providentielle, décida d'un comportement fanatique et d'une admiration sans bornes pour ce « prophète » d'une rédemption nouvelle.

Le 27 septembre 2012 sur Europe 1, on apprend que ses poèmes et ses lettres d'amour sont mis aux enchères, mais aussi ses bulletins scolaires, ses rédactions ou ses lettres de sa famille. Des milliers de pages d'archives de jeunesse de Joseph Goebbels sont mises aux enchères aux États-Unis. L'ensemble des écrits, vendu en un seul lot, est estimé entre deux cent mille et trois cent mille dollars, soit cent cinquante-cinq à deux cent trente-trois mille euros.

L'attention de ses biographes a surtout porté sur la participation active du ministre du Reich à l'application des principes nazis et donc aussi à son haut degré de responsabilité dans l'organisation de la solution finale.

Un engagement catholique modéré et une carrière littéraire de peu d'envergure

C'est lors du début de ses études universitaires à Bonn que J. Goebbels s'engage dans un mouvement d'étudiants chrétiens. Rapidement ses intérêts se portent aussi sur l'écriture de courts romans qui indirectement manifestent les facettes d'une personnalité soucieuse de se construire des modèles idéaux, mais dont la teneur ne rencontre aucun succès. Sa vie universitaire coïncide avec les deux dernières années de la Grande Guerre qui à ce moment-là ne le perturbe guère. Il doit gérer ses ennuis d'argent, ses amours tumultueuses avec une jeune bourgeoise et une pièce qui en dit long sur ses réflexions sur le catholicisme. Dans *Judas Iscariote* (1918), en effet, il est dit que Judas a rompu avec les disciples de Jésus, parce qu'il a compris que ce dernier ne réaliserait pas la révolution violente que nécessite la libération de l'occupation romaine. En fin de vie, il reconnaît dans Jésus le Sauveur et se suicide. La pièce reste à l'état de brouillon, mais témoigne d'une mise en question de la religion familiale et des doutes religieux que l'on retrouve dans sa poésie et dans *Michael Voormann*, son essai de roman de 1919 qui s'inspire de ses expériences personnelles.

Pendant les années 1920, Goebbels se consacre à la lecture des grands auteurs allemands et à la préparation à son doctorat. Les *Carnets* révèlent que le jeune étudiant ombrageux aspire à un supplément d'âme et espère pour sauver l'Allemagne en l'apparition d'un personnage charismatique. On trouve déjà ces revendications dans la préface de sa thèse consacrée à Wilhelm von Schütz (1776-1847). Ce dramaturge romantique est resté peu connu, mais dirigeait la revue catholique *Anticelsus*. Manifestant toujours sa croyance en une forme de spiritualité[141], Goebbels écrit :

> Je ressens en moi le désir de totalité, pour l'homme et l'humanité. Que le ciel me prête vie, et je serai un Sauveur. Que ce soit pour moi, pour une personne ou deux, ou pour tout un peuple, c'est, fondamentalement, la même chose. Je dois être prêt à partir en mission.

Cette espérance exprime une réaction violente contre le défaitisme qui l'a menacé suite à la lecture de l'essai de Spengler, *Le Déclin de l'Occident*, également source de réflexion pour son rival Rosenberg.

Quant aux directeurs de la thèse de Goebbels, ils suscitent l'étonnement, parce que juifs et à leur insu à la veille d'un cataclysme. Il s'agit en premier de Friedrich Gundolf (1880-1931), une célébrité pour la qualité de sa poésie et pour celle des écrits de critique littéraire dont la méthode dégage la philosophie qui imprègne les auteurs du programme, dont Shakespeare, Hölderlin, Goethe... Un autre professeur, également, du nom de Max von Waldberg, chargé de la chaire de littérature allemande moderne, prend la relève de cette direction de thèse.

Le premier décède en 1931 et ne connaîtra pas la destruction des livres juifs ; le second verra son habilitation retirée par les autorités nazies en 1935 et décédera en 1938. Mais, en 1922, cette paternité intellectuelle ne dérange aucunement Goebbels qui accède au doctorat en philosophie le 21 avril 1922. C'est le moment où il a mis fin de manière très violente à sa relation amoureuse avec Anka Stalherm et fréquente Else Janke, une enseignante de son village de Rheydt qui emportera sa préférence. Mais elle est juive, ce qui le ramène à discuter passionnément du problème de la race et des

[141] Cité par P. Longerich, *Goebbels*, Sidler Verlag, 2010. Trad. fr., Paris, Héloïse d'Ormesson et Perrin, coll. « Tempus », n° 592, 2015, p. 67.

questions qu'il se pose à propos du rôle des Juifs dans la circulation de l'argent[142] :

> Je réfléchis plus que souvent à la question juive. Le problème de la race est bien le plus profond et le plus mystérieux de ceux qui interfèrent dans la vie publique. N'y a-t-il pas un antagonisme entre race et intellect, création et imitation, art et science, capitalisme industriel et capitalisme boursier ? Comme ces séries semblent se tenir à distance l'une de l'autre ! Et pourtant les pôles correspondants de chacune ne sont que l'expression du même sentiment du monde, que Spengler désignerait comme l'existence « *Dasein* » et l'état de veille « *Wachsein* ».

Le milieu familial le considère comme un solitaire un peu excentrique. Son expérience douloureuse d'employé de banque et ses constants ennuis financiers rendent la question particulièrement sensible. Sur le plan religieux, il se met à douter de la figure du Christ comme d'un messie qui pourrait rencontrer ses espérances.

Un antisémitisme en progression

Lecteur passionné non seulement d'Oscar Spengler, mais aussi de *La Genèse du XIX*^e^ *siècle* (1899) de Houston Stewart Chamberlain (1855-1927), il se convainc que le conflit entre les races est moteur de l'histoire. Les Aryens, selon ce qui se dit dans les milieux nazis, dépassant toutes les autres civilisations, sont appelés à jouer un rôle majeur sur la scène du monde ; la destruction de Rome est attribuée au métissage des races, et enfin, plus étrange pour les chrétiens, la doctrine du Christ est en vérité élitiste, le prophète n'ayant pas de sang juif dans les veines. Sur le terrain idéologique, en rien Goebbels ne dément son collègue Rosenberg. En outre, il constate avec dérision que la loi de la pureté de la race est également au centre du judaïsme qui n'a cessé depuis l'aube de son histoire de rejeter les contaminations possibles avec d'autres peuples. L'Ancien Testament en fait foi. Goebbels exploite les récits épiques de la *Torah*, comme *Les guerres de Josué*,

[142] J. Goebbels, *Journal du 22 octobre 1923*. Cité par P. Longerich, *Goebbels, t. 1*, Paris, Perrin, coll. « Tempus », 2015, p. 63. Le biographe suit le *Journal* année par année.

pour démontrer que l'antisémitisme est la réponse adéquate à une sorte de national-judaïsme. Ainsi, les Juifs authentiques du fait de leur propre xénophobie constituent-ils un adversaire sérieux aux Germains. Il est à noter que cette thèse trouve encore de nombreux adeptes aujourd'hui parmi lesquels Jean Soler, Louis Sala-Molins, Michel Onfray, Michaël Prior… L'élite européenne serait donc menacée par une guerre millénaire. En cause, un ennemi caractérisé depuis l'aube des temps par son racisme, de quoi sortir un jeune universitaire hésitant de sa léthargie et de ses doutes.

Une religion prométhéenne

Après son travail sur un *Prométhée,* un symbole annonciateur de l'homme-dieu, il se décide : « le judaïsme est le poison qui précipite le trépas de l'organisme européen[143] ». Et un peu plus tard, il semble assumer de quoi trouver dans ce combat à satisfaire son égotisme[144] :

> Je ressens en moi le désir de totalité, pour l'homme et l'humanité. Que le ciel me prête vie, et je serai un Sauveur. Que ce soit pour moi, pour une personne ou deux, ou pour tout un peuple, c'est, fondamentalement, la même chose. Je dois être prêt à partir en mission.

Ajoutons encore, cette profession presque d'allure missionnaire et faite de nostalgies chrétiennes[145] en tout cas narcissiques :

> Si Dieu m'a fait à son image, alors je suis Dieu autant que lui.

Ces déclarations sont les préludes à un engagement fanatique et serviront de justification aux mesures de purifications ethniques dans la ligne de la pensée du sacrifice *Blut-und-Boden.*

[143] P. Longerich, *op. cit.,* p. 66.

[144] J. Goebbels, *id.,* p. 67.

[145] J. Goebbels, *id.,* p. 68.

Un positionnement en faveur du versant socialiste du mouvement

Hanté par ses doutes religieux, mais toujours à l'écart de l'action politique effective, l'étudiant en quête de rédemption s'auto-institue, avec orgueil et avec un enthousiasme quasi mystique, rédempteur de l'Allemagne. Il s'intéresse aux débuts du mouvement national-socialiste, mais rêve encore d'une conciliation entre socialisme et christianisme.

Les années 1924-1925 sont celles du grand tournant en direction de la branche socialiste du mouvement. Parallèlement à son itinéraire, un vaste courant national-bolchevique trouve dans un milieu de politologues – Paul Eltzbacher, Ernst Niekisch, Arthur Moeller van den Bruck, Ernst Jünger –, des partisans d'une rédemption par les masses à la manière de ce qu'aurait pu être la Révolution soviétique.

Ces nationalistes voient dans le bolchevisme la réalisation d'un État total, populaire, guerrier, païen, anticapitaliste, collectiviste et anti-occidental, bref un État fort qui serait la réponse adéquate à la crise allemande. Leur mot d'ordre est : « Nation, État, Peuple ».

Un choix définitif, corps et âme, en faveur d'un homme charismatique

De son côté, Goebbels fonde une cellule nationale socialiste et lit le fameux faux *Protocole des Sages de Sion* qui achève de le convaincre que les Juifs constituent les ennemis de la civilisation. Il se plonge encore dans des lectures de gauche et de droite : *Le Capital*, les *Lettres de prison* de Rosa Luxembourg, Les *Mémoires* d'August Bebel, le grand chef des socialistes allemands, voilà pour la gauche. Et pour la droite : les *Mémoires* de Gustav Noske, ministre de la *Reichswehr* sous la République de Weimar ; ce dernier avec l'aide des « Corps francs » écrasa la révolution spartakiste[146].

[146] Du nom de Spartacus, l'esclave devenu célèbre qui se rebelle contre Rome. La révolution qui oppose les ouvriers et l'armée du gouvernement social-démocrate veut promouvoir un socialisme démocratique. Elle agite Berlin en 1919 et est écrasée par l'armée. Elle est une

Alors que, comme Goebbels, Gregor Strasser, de conviction socialiste, rejoignait la NSDAP dès 1920 (1892-1934), son frère Otto (1897-1974) hésitant entre le SPD et le bolchevisme, finit par promouvoir la suppression de la propriété privée et la guerre aux grandes fortunes.

En 1928, le parti de Hitler ne représentait que 2,6 % des voix et se situait nettement à gauche. Hitler lui-même était un convaincu des idées communisantes de l'économiste Gottfried Feder (1883-1941). Gregor Strasser reconnut dans le jeune Goebbels un allié et fit de lui son secrétaire. Pour peu de temps cependant. Car, suite à la crise économique de 1929, Hitler cherchant des fonds pour son parti se rapprocha de Rosenberg et des chefs d'industrie. De son côté, malgré des hésitations dues à sa position de secrétaire de G. Strasser, sous l'influence de la lecture de *Mein Kampf*, Goebbels finit par se ranger aux côtés de Hitler et à se soumettre à son aura quasi religieuse. Car, comme lui, Hitler voit dans la personne de Jésus un antisémite avant la lettre, condamné à mort par les Juifs. Vu sous cet angle, Hitler est bien celui qui aux yeux de Goebbels dissipe les doutes et transcende le conflit des anciennes idéologies, christianisme, capitalisme et marxisme.

Une rhétorique de la « novlangue[147] » pour entretenir le mythe de la rédemption

S'il existe un legs de Joseph Goebbels à la postérité, c'est bien la mise au point d'un monologue aux puissants effets mobilisateurs et le sens de la guerre des ondes. Les sociologues ont abstrait des discours les principes d'une rhétorique simplificatrice mais convaincante dont voici les axes principaux : la force de la vengeance et de la réponse simple plutôt que la réflexion philosophique ; la terreur plutôt que la pitié ; la dissimulation plutôt que la vérité ; l'intuition plutôt que la raison, et la guerre plutôt que la diplomatie. Comme

des premières grandes défaites de la gauche, défaite qui favorisera rapidement les tendances fascistes au sein de l'armée.

[147] Selon l'expression de Georges Orwell dans le célèbre roman *1984*, publié en 1949. On trouve dans la langue nazie des mots codés comme *Sonderzug* (« train spécial »), *Sonderbehandlung* (« traitement spécial »), *Gesundpille* (« pilule de santé)…

le dirait Baruch Spinoza, Goebbels est convaincu que la force des convictions l'emporte sur le principe de réalité. Le ministre sera attentif à mesurer les effets des émissions radiophoniques d'information et de propagande sur les pays européens.

Le *Journal* délivre les principes de propagande du ministre. L'article de Leonard Doob, paru en 1950, les détaille au départ d'une traduction du *Journal* par Louis Lochner (1948). Ces principes sont inspirés des sociologues américains, [148] Garth S. Jowett et de Victoria O' Donnel dans leur essai *Propagation et persuasion.*

Principes de propagande de Joseph Goebbels[149] :

1. Les propagandistes doivent avoir accès aux renseignements pertinents concernant l'opinion publique et les événements.

2. La propagande doit être mise au point et exécutée pour une autorité unique. **a.** Elle doit délivrer tous les ordres de propagande. **b.** Elle doit expliquer les ordres de propagande aux officiels importants et maintenir leur moral. **c.** Elle doit surveiller ou superviser les autres entités dont les activités ont des conséquences en termes de propagande.

3. Les conséquences d'une action en termes de propagande doivent être considérées lors de la mise au point de cette action.

4. La propagande doit affecter la politique de son ennemi et ses actions. **a.** En supprimant le matériel bénéfique à la propagande mais qui pourrait offrir à l'ennemi un renseignement utile. **b.** En disséminant ouvertement une propagande dont les contenus ou le ton amèneraient l'ennemi aux conclusions désirées. **c.** En poussant l'ennemi à révéler des informations qui lui sont vitales. **d.** En ne faisant aucune référence à une activité désirée chez l'ennemi, lorsque toute référence discréditerait cette activité.

[148] Garth S. Jowett & Victoria O' Donnel, *Propagation et persuasion,* Sage, Los Angeles, Kampfinen, 2012.

[149] *Goebbels "Principles of Propaganda"*, Leonard W. Doob, *Public Opinion Quarterly,* Fall, 1950, pp. 419-442.

5. Des informations déclassifiées et opérationnelles doivent être disponibles pour mettre une campagne de propagande en pratique.

6. Pour être perçue, la propagande doit évoquer l'intérêt d'une audience et doit être transmise par un medium apte à capturer l'attention.

7. Seule sa crédibilité doit déterminer si un élément de propagande doit être présenté comme vrai ou faux.

8. Le but, le contenu et l'efficacité de la propagande ennemie, les avantages et les inconvénients de s'exposer, et la nature des campagnes de propagande actuelles déterminent si la propagande ennemie doit être ignorée ou réfutée.

9. La crédibilité, les renseignements disponibles et les conséquences possibles du fait de communiquer déterminent si des contenus de propagande doivent être censurés.

10. Les contenus de la propagande ennemie peuvent être utilisés s'ils peuvent aider à diminuer le prestige de cet ennemi ou offrir un support aux objectifs du propagandiste.

11. La propagande noire doit être employée en lieu et place de la propagande blanche4 lorsque la seconde est moins crédible ou risquerait de produire des effets indésirables.

12. La propagande doit être facilitée par des leaders ayant du prestige.

13. Le timing de la propagande doit être précis. **a.** La communication doit toucher l'audience avant la propagande concurrente. **b.** Une campagne de propagande doit commencer au moment optimal.

14. La propagande doit étiqueter les événements et les individus avec des phrases distinctives ou des slogans.

15. La propagande intérieure doit éviter l'essor de faux espoirs qui risqueraient d'être déçus par les événements futurs.

16. La propagande intérieure doit créer un niveau d'anxiété optimal. **a.** La propagande doit renforcer l'anxiété concernant les

conséquences d'une défaite. **b.** La propagande doit diminuer toute anxiété (autre que celle concernant les conséquences d'une défaite) qui serait trop haute pour être gérée par les individus.

17. La propagande intérieure doit diminuer l'impact de la frustration. **a.** Les frustrations inévitables doivent être anticipées. **b.** Les frustrations inévitables doivent être mises en perspective.

18. La propagande doit faciliter le « déplacement de l'agression », en spécifiant la cible à haïr.

19. La propagande ne peut pas immédiatement agir sur les contre-tendances fortes ; au lieu de cela, la propagande doit promouvoir une action de type quelconque ou une diversion, ou les deux.

Les premiers articles témoignent d'une volonté de prise de pouvoir par une entité unique et fait allusion à l'expérience des discordances entre les divers services de propagande nazie dont le ministère des Affaires étrangères sous la direction de von Ribbentrop, cible commune de Rosenberg et de Goebbels. La propagande ne peut pas présenter de dissonances. Elle doit être soigneusement contrôlée dans toutes les étapes de son élaboration qui passent d'une information avérée à son détournement par la censure et par la diffusion de la menace et de la peur. Détournement subtil : le crédible remplacera le vrai. Goebbels prévoit aussi une guerre des propagandes dans laquelle il faudra un bouc émissaire à haïr et du discernement pour distinguer la « propagande noire » ou informations fausses glissées dans des informations avérées, les manœuvres d'intoxication ou de désinformation. Quant à la réception d'événements incontestables, elle implique de faire diversion pour donner le change.

Si on retourne ces armes idéologiques contre le *Mythe* de Rosenberg, on peut en retenir quelques applications comme le mélange du vrai et du faux dans la documentation historique, une dualisation forcée qui désigne le même bouc émissaire, les religions chrétiennes, les Jésuites, etc., l'appel à des autorités philosophiques de soutien et l'exploitation des frustrations du peuple allemand.

De la parole à la performance

Dans la conquête idéologique des ennemis du nazisme, Goebbels, faisant œuvre de journaliste de propagande, se montre plus organisé et plus efficace que Rosenberg qui supporte mal ce crédit auprès de son supérieur. Dès 1936, Hitler propulse son ministre de la propagande en première ligne d'un programme de nazification des Arts. Nanti de ce pouvoir, Goebbels, supplante Hans Kerrl, partisan d'une Église protestante nationale, et veut précipiter la guerre contre le christianisme. Hitler, lui-même, comme vis-à-vis de Rosenberg, décide de temporiser. Il est inquiété par les sermons de Mgr Michael von Faulhaber de 1933 et par une opinion publique qui se range résolument du côté du théologien Martin Niemöller lors de son procès de 1938. Il évite de heurter les croyances de ses soldats et remet à plus tard, voire à son successeur, la liquidation des religions. Mais cette fronde en faveur du théologien n'empêchera pas M. Niemöller, d'être enfermé à Sachenhausen et à Dachau, d'où il survivra pour se consacrer au redressement de l'« Église confessante », une fois la paix revenue.

Le *Journal* de Goebbels révèle un zèle intense pour prendre le contrôle de la radio et de la propagande à destination des antisémites étrangers, le contrôle de la musique, du théâtre, du cinéma et de la presse. Bien que de tendance socialisante lors de ses années d'études, Goebbels ne cherchera plus à réfléchir sur la doctrine nazie, mais bien à en devenir le défenseur et le propagateur avec la conviction indubitable que les pensées de Hitler sont infaillibles, que l'Allemagne a été attaquée et que tous les moyens sont bons pour sauver l'Europe du communisme. Il se considérait lui-même comme le juge suprême de la qualité et surtout de l'opportunité des scénarios de cinéma ou de théâtre dans le cadre d'une situation de guerre. Une fois les intellectuels et les religieux mis au pas, le véritable travail de propagande peut avoir effet de compensation idéologique aux deuils et aux sacrifices demandés à la Nation. En conséquence, une censure sévère sera appliquée à la presse de manière à dissimuler la cruauté nécessaire des nettoyages ethniques. Ainsi le veut le Führer. La purification doit aller jusqu'à faire disparaître l'existence des Juifs et même tout ce qui pourrait la rappeler. Dans son *Journal* Goebbels se plaint souvent d'une fatigue extrême due à ses efforts de gestionnaire. La tâche est effectivement lourde quand il s'agit de préparer la conversion des pays de l'Est au nazisme.

Il s'agit aussi de maîtriser l'opinion publique et progressivement de la préparer à des sacrifices « décisifs » pour assurer l'avenir des générations suivantes. Il s'agit même de commencer en 1940 à épurer Berlin de tout ennemi intérieur et de toute influence juive. Ensuite de poursuivre l'extension de l'évangile nazi au-delà des frontières dans les pays à conquérir et de coordonner les réseaux d'intellectuels antisémites et antibolcheviques qui préparent l'invasion. La diffusion de fausses nouvelles fait partie de cette stratégie qui doit affronter la propagande britannique.

Réussir dans cette poursuite d'objectifs multiples, c'est gagner du galon, mais aussi se confronter parfois à l'élite des fonctionnaires, tout simplement parce que la gestion des moyens disponibles divise les stratèges de l'entourage d'Hitler.

Ainsi les retournements d'octobre 1942 avec Stalingrad et le débarquement allié en Afrique du Nord font-ils pression sur le cercle des intimes d'Hitler qui, chacun à leur tour, sont en quête de moyens supplémentaires pour parer la contre-offensive des Alliés.

Aussi Goebbels se trouve-t-il confronté à des demandes émanant des Hermann Goering, Reinhard Heydrich, Adolf Eichmann, Joachim von Ribbentrop, Baldur von Schirach et Josef Dietrich, ce dernier qu'il considère pourtant comme « incompréhensible et idiot ». Au fur et à mesure des échecs militaires, les conflits de compétence s'aggravent et les discours victorieux reproduits dans le journal *Reich* commencent à lasser les populations qui ne sont plus dupes de la situation réelle de leurs troupes. La diabolisation de l'ennemi en livrée d'esclave potentiel ne convainc plus. Le Russe sait résister et reçoit de plus en plus les moyens de contre-attaquer. Le Royaume-Uni a persuadé les États-Unis de rentrer en guerre et Pearl Harbor le 7 décembre 1941, a ôté tous les doutes à la population américaine quant au choix de son camp. Il faudra tester si le peuple possède la foi chevillée au corps pour accepter une guerre totale, puisque la « juiverie internationale » résiste encore à la volonté de puissance du Reich. Les discours de Goebbels, reproduits dans le *Völkischer Beobachter*, vont aborder des thèmes concrets, beaucoup moins idéologiques, mais toujours sous-tendus par la pente socialiste de son nazisme. Au milieu du pessimisme ambiant et d'une dislocation progressive du territoire allemand, Hitler, prenant distance par rapport aux faits, s'infecte lui-même de sa propre mythologie et finit par concéder[150] :

> Le Juif au fond de son être est l'étranger (…) La race juive est avant tout une communauté d'esprit. Même si elle se fonde sur la religion hébraïque et si elle est en partie formée par elle, elle n'a dans son essence rien de purement religieux car elle englobe de la même manière des athées déclarés et de pieux croyants. À cela s'ajoute une sorte de lien des destins, conséquence des persécutions subies au cours des siècles (…) d'un point de vue anthropologique, les Juifs n'ont en tout cas aucune caractéristique commune qui permettrait d'y reconnaître une race homogène. Pourtant chaque Juif recèle sans aucun doute dans ses veines quelques gouttes de ce que nous nommons du sang spécifique. Sinon on ne pourrait expliquer chez eux la persistance de certaines caractéristiques physiques qui leur sont propres et que l'on retrouve immanquablement chez des Juifs sinon très différents, comme les Juifs orientaux et les Juifs espagnols. (…) Une race spirituelle est plus résistante et plus durable qu'une race naturelle. Que l'on transplante un Allemand aux États-Unis, et il deviendra bientôt un Américain. Le Juif où qu'il aille, reste un Juif. Il est de par sa nature un être qui ne se laisse pas incorporer. Et ce qui est déterminant pour sa race, qui doit servir de triste preuve de la supériorité de l'« esprit » sur la chair, c'est précisément cette incapacité d'être assimilé.

Une telle analyse reconnaît que la « spécificité » de l'esprit et celle de la culture des peuples peuvent dominer leur physiologie. Mais cet aveu tardif, qui admet indirectement la capacité de résistance de l'Ennemi, continue de reposer sur un cliché indéfectible :

[150] Cette étrange confession tardive émane de Martin Bormann, secrétaire général du Führer, qui nota dans Berlin assiégée les dernières réflexions du dictateur.

celui du Juif errant et donc sans sol ; du phénomène biologique, un dogme pour le nazisme.

À l'approche de 1944, et pour ralentir son déclin au sein de l'Institution, Goebbels pressent qu'au milieu de ses pairs il a besoin de protections. Il entreprend donc des négociations internes avec Himmler, Bormann et Speer[151].

L'attentat contre Hitler du 20 juillet 1944 lui offre l'opportunité de satisfaire ses hautes ambitions et ses qualités de décideur, mais à un tournant décisif du conflit qui a des conséquences sur le moral du Führer. Goebbels prend rapidement la tête de la réaction en procédant à l'arrestation des comploteurs et à leur exécution.

Le conflit des « chevaliers noirs »

Malgré la peur qu'elles inspirent et la mobilisation des systèmes de contrôle de l'opinion, les configurations idéologiques sont soumises à des déchirements internes, à des conflits d'intérêts démultipliés par des conflits personnels. Pour tout dire, à des schismes. Il en va ainsi de Rosenberg et de Goebbels dont les bases doctrinales partagent beaucoup de points communs, mais dont les acteurs politiques suivent des itinéraires et des ambitions différents. Dans la mise en place de la « purification ethnique », le ministère chaotique de Rosenberg pour les pays de l'Est se révèle nettement moins efficace que celui d'Himmler, au point de provoquer rivalités et litiges. Pour Rosenberg, Goebbels, lui aussi aux pieds d'Hitler, est isolé au sein du parti et méprisé. Mais il reconnaît en lui un manipulateur et un amateur de femmes ; pire, « un producteur de pus ». [152]

Autre péché majeur pour Rosenberg : Goebbels vient du socialisme, l'orientation à gauche détestée de Rosenberg.

[151] Voir N. Patin, « Le journal de Joseph Goebbels. Un parcours critique », *Vingtième Siècle. Revue d'histoire,* 2009/4, n° 104, p. 81-93. DOI 10.3917/ving.104.0081.

[152] J. Matthaus et F. Bajohr, *Journal de Rosenberg* de décembre 1938, p. 274 et p. 279.

Les deux se rejoignent sur les « mesures à prendre » en novembre 1941 quand, à quelques jours près, ils peuvent annoncer, Goebbels dans *Das Reich,* Rosenberg à des représentants de la presse allemande, que la question de la présence des Juifs de l'Est allait être réglée de manière définitivement, d'une manière ou d'une autre... Le danger allait être écarté comme le demandait le Führer. Restait à trouver une solution à grande échelle et peu coûteuse, ce qui sera du ressort des organisateurs Philipp Bouhler, Karl Brandt, Herbert Linden. Et des chimistes August Becker, Albert Widmann, Helmut Kallmeyer. La question du gouvernement des pays de l'Est et du choix de la propagande pour rallier les ennemis de Moscou à la bonne cause imposent une trêve. Rosenberg détenait la responsabilité des décrets et des directives ; Goebbels avait l'ordre d'y adapter sa propagande. Telles étaient les exigences d'Hitler qui permirent au ministre de la Propagande, et, à titre de concession, de pouvoir s'installer dans les territoires encore occupés.

Rosenberg recevait des informations de la part de ses observateurs qui ne le rassuraient pas sur la réputation de la Wehrmacht en pays conquis. Il avait toujours prétendu que les populations civiles devaient être épargnées pour être plus malléables au nouvel évangile. Il tomba progressivement en disgrâce. D'abord, il avait été sceptique quant aux chances de réussite de l'opération *Barbarossa* ; ensuite, il entretenait de bonnes relations avec les Ukrainiens et aurait préféré, pour résoudre la question juive que l'on suive le projet de déportation à Madagascar. Ces réticences à suivre la planification d'Hitler lui valurent une éclipse progressive.

Avec un tel projet, le terme de « chevaliers » peut prêter à sourire. Il relève pourtant de l'imaginaire nazi comme le mot *Reich* qui renvoie au Saint-Empire romain de la nation germanique. Ce statut est même revendiqué par Rosenberg[153] :

> Dans la façon dont nos ennemis combattent sous le commandement de leurs chefs juifs, il manque cette part de chevalerie qui a souvent conféré une splendeur aux combats historiques, même féroces, dans les guerres les plus rudes du passé. Aujourd'hui, tout

[153] Cité dans *Le visage du bolchevisme,* tiré des *Leçons politiques à la Wehrmacht,* Berlin, 1942.

> cela semble perdu et oublié. Le flot répugnant de la presse juive, les insultes jetées à la tête de notre État et de nos dirigeants depuis des années, tout cela atteint aujourd'hui un point culminant dans la conduite infernale de la guerre, consciemment déclenchée par les pilotes britanniques sur ordre du capitalisme international, qui s'efforce de faire un champ de ruines des plus hauts monuments de la créativité humaine. (…) Quant aux États-Unis qui sont allés récemment jusqu'à mettre des Nègres aux commandes de leurs bombardiers, force est de constater dans quel abaissement ce pays, jadis fondé par les Européens est tombé.
>
> Et Goebbels ne dit pas autre chose[154] :
>
> > Le fait de tendre sans cesse vers une noble humanité est décidément un trait de la personnalité des Allemands.

Les querelles internes pour obtenir la faveur d'Hitler et pour se tailler une autorité sur les conquêtes de l'Est ne ralentissent pas le rythme de la machine de mort et des humiliations dirigées contre les races dites inférieures. Malgré le recul des armées, ce sont les mesures d'Himmler qui se voient renforcées au fur et à mesure que l'élimination des Juifs pose des problèmes « techniques » de plus en plus sérieux. L'objet de ces différences d'appréciation entre Rosenberg et Himmler consistait moins dans la mise en cause de l'extermination en tant que telle, que dans la menace qui pesait sur la main-d'œuvre potentielle qui se réduisait à vue d'œil en raison des conditions de survie imposées aux nouveaux esclaves. L'élimination de masse provoquait des retards sur les prévisions optimistes des très rigoureux planificateurs. De son côté, Goebbels continua son ascension vers les pleins pouvoirs. Mais pour ce qui concerne la gestion de la France, il se heurta à Joachim von Ribbentrop, ministre des Affaires étrangères, qu'il n'appréciait pas du tout en raison de conflits de compétence récurrents. Il joua pourtant encore un rôle important pour tenter de ramener au bercail les tendances indépendantistes finnoises et hongroises. Pour que le nouveau gouvernement hongrois fasse preuve de fidélité, il lui fut demandé d'augmenter sa participation au problème. Le 3 mai 1944, les *SS* commencèrent leurs déportations de la

[154] Cité dans M. Weinreich, *Hitler et les professeurs*, Paris, Les Belles Lettres, 2013, p. 289 ; Discours du 16 mai 1944.

Hongrie vers Auschwitz. Il restait aux talents de Goebbels de faire jouer les derniers atouts pour tenter d'écraser les têtes de pont du débarquement, et pour utiliser l'effet démoralisant des bombes volantes et autres armes, plus terribles encore, mais toujours à l'étude. Il lui fallait au moins un arrêt de l'armée russe sur le front de l'Est. Ce qu'il n'obtint pas, alors il oscilla entre un accord avec les Occidentaux ou éventuellement avec les Russes. En attendant que les démarches diplomatiques soient engagées, il prit l'initiative de la défense de Berlin et continua dans ses discours à propager les craintes d'une reddition à un ennemi qui serait implacable en cas d'occupation. La stratégie qui consiste à diviser les Alliés ne rencontra de succès ni du côté russe ni du côté occidental. Les ouvertures à Moscou n'étaient pas totalement vaines, mais Hitler, qui connaissait bien la fracture avec le communisme, penchait davantage pour des tentatives de conciliation avec les Occidentaux. En fait, il survivait avec ses rêves et ne contrôlait plus rien.

En définitive, soumis aux vues du Führer, celui qui avait eu une formation littéraire et une formation philosophique adoptait sans distance critique les erreurs de son modèle :

- Mauvaise évaluation de la résistance anglaise, malgré les bombardements.
- Mauvaise évaluation de la fidélité de l'union entre l'Angleterre, l'Union soviétique et les États-Unis
- Mauvaise évaluation de la puissance militaire soviétique.
- Mauvaise évaluation d'une possibilité de débarquement sur les côtes européennes.
- Surévaluation des compétences militaires d'Hitler.
- Mauvaise évaluation des capacités des marines dans le transfert de l'aide à l'URSS.
- Sous-estimation de la riposte russe.
- Sous-estimation des effets des bombardements massifs sur le moral de la population.

Dans *Mars ou la guerre jugée*, daté de 1935, le philosophe Alain avait raison de parler du guerrier (ou de notre « chevalier ») comme d'un métaphysicien à la foi inébranlable[155] :

> Le guerrier est un métaphysicien. Le guerrier s'est dessiné un dieu, une justice, des maximes, un ordre humain qu'il croit surhumain. Par un retour sur lui-même que tout homme connaît, il honore en lui-même, plus que tout, ce pouvoir de trouver la loi et de la suivre. D'où la pire injure qu'on puisse lui faire, c'est de penser autrement que lui, c'est de vivre d'après d'autres maximes que les siennes ; c'est de mépriser ce qu'il honore. Un mahométan de la grande époque, magnanime et hospitalier, aurait puni de mort aussitôt l'opinion qu'il y a plusieurs dieux. On nomme fanatisme ce premier état de l'esprit, état naïf, et presque au niveau de l'instinct.

La fin de Rosenberg

Rosenberg quitta Berlin avec sa famille le 21 avril 1945 pour rejoindre Flensbourg près de la frontière danoise. Il fut arrêté par les Britanniques et emmené en prison le 18 mai. Le reste concerne le procès de Nuremberg, la misérable défense de l'intéressé et son exécution.

La fin de Goebbels

Alors que Berlin est presque encerclée, le 20 avril 1945 les responsables nazis, Goering, Ley, Rosenberg et Himmler, quittent la capitale. Les *Carnets* de Goebbels se sont arrêtés le 10 avril. Le 30 avril Hitler et sa femme Eva Braun se suicident. Refusant catégoriquement une reddition sans conditions, Goebbels se donne alors la mort par balle au soir du 1er mai 1945, avec son épouse Magda, qui, auparavant avait tué leurs six enfants âgés de 4 à 12 ans en les empoisonnant au cyanure. Tout comme celle d'Hitler, la

155 Alain, *Mars ou la guerre jugée*, Paris, Gallimard, Folio, 1995. Accessible dans la collection : « Les classiques des sciences sociales » sur : http://www.uqac.uquebec.ca/zone30/Classiques_des_sciences_sociales/index.html, p. 67.

dépouille de Goebbels ne fut que partiellement brûlée par manque d'essence dans le Bunker de Hitler. Le 4 ou le 5 mai, des soldats soviétiques le découvrent à demi calciné, son identification étant facilitée par la reconnaissance de ses caractéristiques physiques. Goebbels combla ses errances philosophiques et ses soucis physiologiques par une foi inébranlable et par l'illusion d'écrire une des pages les plus importantes de l'histoire allemande.

Pour les deux protagonistes d'une tragédie universelle, les références philosophiques n'étaient plus que des ornements à la pensée *völkisch*. Du fait de leur engagement inébranlable et en tant que piliers du régime, ils ne se voyaient accorder aucun moment de doute ou de faiblesse ne leur était permis. Ces rivalités faisaient partie de la manière dont Hitler parvint longtemps à empêcher des complots internes et à museler les ambitions de ses subordonnés.

Chapitre 8

La profondeur de la contamination nazie

L'interprétation historique des années de la montée du nazisme et de son expansion militaire reste particulièrement complexe et a mobilisé jusqu'à aujourd'hui les spécialistes les plus pointus en sciences humaines de l'Allemagne post-nazie avec un pic d'intensité polémique lors de la fameuse « Querelle des historiens[156] » de 1986 à 1988. Cette polémique est complexe parce que l'historiographie n'est pas indifférente au contexte politique dans lequel les chercheurs opèrent comme celui de la dénazification, de la Guerre froide et de ce qu'on peut appeler la restauration démocratique et du rôle politique et économique moteur de l'Allemagne dans l'Europe nouvelle. Cette situation complexe augmente encore quand on songe à la destruction massive de documents cruciaux par les nazis, par les armées soviétiques ou par les bombardements alliés. Le débat sur les causes de la montée du nazisme et de celles du communisme a encore rejailli en France, en Allemagne et dans

[156] La « Querelle des historiens » ou *Historikerstreit* mobilise de 1986 à 1989 à la fois la presse et l'élite des historiens allemands. Le philosophe Jürgen Habermas y prend une part important aux fins de mettre l'Allemagne devant ses responsabilités et de réfléchir sur son avenir européen. La question débattue est de savoir comment l'Allemagne de l'après-guerre doit gérer son passé : à la manière d'autres faits historiques ou dans un cadre de restauration morale ? Pour J. Habermas, la restauration morale est la plus importante. En cela, il regroupe plus de partisans que E. Nolte.
Cf. C. Thys, *Nazisme et philosophie,* Paris, Publibook, 2009, pp. 109-147.

les pays de l'Est avec l'apparition du *Livre noir du communisme*[157] et rebondit encore actuellement dans le cadre du Parlement européen vis-à-vis des succès de l'extrême-droite populiste. Parce que la tentation est grande d'atténuer la responsabilité du génocide en mettant sur le même pied et d'une manière simpliste un génocide de race à l'Ouest par les nazis et un génocide de classe à l'Est par les communistes, même si à moyens presque identiques correspondent origines et finalités différentes.

Qui se demanderait comment il se peut faire qu'après-guerre tant de criminels nazis purent échapper aux polices peut trouver une réponse en se penchant sur les rapports paradoxaux de la hiérarchie ecclésiastique avec le nazisme. Ces rapports révèlent qu'au sein des Églises la politique anticommuniste primait sur toute autre considération.

Le dilemme des Églises

Pour se faire une idée de la frayeur du communisme qu'éprouvent certains prélats, on peut suivre le cas de l'un d'entre eux, indifférent aux admonestations de ses supérieurs, Mgr Aloïs Hudal (1885-1963), qui a mis tout son sens de l'organisation au service des filières d'exfiltration d'anciens *SS* en s'appuyant sur les monastères du Sud-Tyrol et d'Italie. Rome et Bolzano étaient des relais qui dirigeaient le transfert des intéressés et de leur famille vers la Syrie, le Liban, l'Égypte, ou, destination privilégiée, l'Argentine. Les couvents abritaient des individus, de l'argent ou des trésors de guerre, parfois même des armes. Nombre d'anciens *SS* avaient eu une éducation catholique ou protestante. Certains par conviction, beaucoup par opportunisme, reçurent un second baptême sous condition, formule qui permettait de contourner le Droit canon. Cette reconquête idéologique des « brebis égarées » réjouissait les autorités religieuses qui y voyaient la marque de la victoire finale du Bien contre le Mal. Fondamentalement Mgr A. Hudal était anticommuniste, antisémite et nazi de cœur. Ses convictions, il les avait raffermies à la suite de sa participation comme aumônier à la

[157] Cf. S. Courtois, (dir.), *Le livre noir du communisme*, Paris, Laffont, 1977.

Grande Guerre. Il put compter sur la passivité bienveillante de ses supérieurs jusqu'en 1951, au moment où les exfiltrations devinrent un secret de polichinelle et l'évêque dut alors cesser ses activités ou les confier à des esprits plus discrets. On était alors entré dans la Guerre froide, occasion inespérée pour certains nazis de mettre leurs compétences du renseignement dans les pays de l'Europe de l'Est au service des Américains qui tinrent, en dépit du procès de Nuremberg, de moins en moins compte de la participation des inculpés à l'élimination des Juifs. Ce qui leur importait, c'était aussi d'éviter la reconstitution d'une résistance allemande possible et de tirer les bénéfices de l'expérience d'un pays en conflit avec la Russie soviétique[158].

Les accommodations avec le régime nazi au moment de sa défaite inspirent au chasseur de nazis, Simon Wiesenthal, l'idée que l'Église resta longtemps partagée sur la question nazie et sauta sur l'occasion d'une reconversion des « brebis égarées » qui furent autrefois chrétiennes. Dans sa note du 11 septembre 1940, Rosenberg ironise sur l'archevêque Michael von Faulhaber qui dans une lettre adopte une attitude pleine d'humilité et qui admet que le national-socialisme est un « fleuve déchaîné. » Il aurait compris que toute résistance était inutile. Et d'ajouter[159] :

> Il n'y aura jamais de paix dans ce Reich tant que cette organisation « religieuse » dirigée contre la vie et la force du peuple allemand n'aura pas été balayée hors d'Allemagne et tant que l'ensemble de sa doctrine n'aura pas été dépassé dans le cœur de tous les Allemands.

Le 28 mai 2006, le pape Benoît XVI se livre à l'exercice périlleux de corriger les perspectives annexionnistes et le ton triomphaliste de son prédécesseur. Directement concerné par le nazisme par lequel, au sein d'une famille chrétienne opposée à l'idéologie mortifère, le jeune homme a été embrigadé de force, il réussit à exprimer le cri d'une humanité qui interpelle non seulement un

[158] Le même scénario d'aide aux fascistes se déroula en Croatie avec Mgr Krunoslav Draganovic jusqu'à ce qu'en 1941, Pie XII, alors qu'il s'émouvait du génocide des Serbes et des Juifs auquel avait participé le clergé croate, détourna son attention sur le problème devenu pour lui plus important de l'extension du communisme.

[159] A. Rosenberg, *Journal*, p. 355.

Dieu-Sauveur, mais les ressources humaines propres à conjurer l'égoïsme, la peur, l'indifférence et l'opportunisme. Aucune exclusive cette fois : toutes les nations sont invitées à accompagner cette prière de repentance et de réconciliation. Que les Juifs furent les premières victimes de la haine raciale ne fait aucun doute, le judaïsme étant une religion à laquelle le pape reconnaît d'avoir hérité des paroles divines. Les Roms et les Tziganes sont inclus dans son discours tout autant que l'héroïsme des soldats russes retombés sous la dictature de Staline. Un discours plus prudent, plus ouvert, qui se heurte pourtant à deux phrases qui feront polémiques : « Il y a six millions de Polonais qui ont perdu la vie pendant la Seconde Guerre mondiale : le cinquième de la nation. » Pourquoi ne pas avoir écrit « six millions de Juifs », comme si le nazisme n'avait pas dévoré les nationalités ? En même temps, Joseph Ratzinger révélait en raccourci sa conviction profonde et épargnait l'opinion publique allemande en rejetant les responsabilités du nazisme sur une minorité de « criminels qui entretenaient la terreur ». Parler d'une minorité est évidemment un euphémisme.

La solidarité des anciens combattants

Une autre preuve de la solidité idéologique nazie, dans l'armée cette fois, est apportée par l'enquête de Daniel Costelle sur les prisonniers nazis en Amérique en 1944. Cette enquête révèle que la discipline dans les camps de prisonniers allemands aux États-Unis était assurée par des officiers nazis qui faisaient une chasse aux sorcières et punissaient de mort quiconque aurait manifesté des idées démocratiques ou défaitistes. Des crimes ont été commis sans que les autorités américaines n'intervinssent, sous le prétexte que les nazis assuraient l'ordre qui, à ce moment de la guerre, leur paraissait d'une urgence supérieure à la dénazification. Il tire des études américaines sur les effets du programme de dénazification entrepris dans les camps de prisonniers le bilan suivant[160] :

> Comme beaucoup d'officiers de renseignements ayant observé les camps estimaient qu'avant le programme de rééducation

[160] D. Costelle, *Prisonniers nazis en Amérique*, Paris, Acropole, 2012, p. 247.

les prisonniers de guerre allemands pouvaient être divisés en trois catégories, nazis 13 %, neutres 74 %, il apparaît que le programme de rééducation a été la cause effective du changement suivant : 23 % de plus d'antinazis, 61 % sont passés de la neutralité à une appréciation positive de la démocratie. Mais l'ensemble des nazis n'a été réduit que de 3 %.

La politique américaine de dénazification des camps a été maladroite en ce qu'elle a peu tenu compte des Allemands antinazis et les a laissés sous la domination des autres.

Pour ce qui est de l'après-guerre, alors que l'attention populaire est focalisée sur la restauration de l'Allemagne en même temps qu'engagée dans les problèmes qui mèneront à la guerre froide, tout se passe comme s'il fallait tourner la page du nazisme le plus rapidement possible. Pour ce qui les concerne, les bourreaux nazis souffrent d'amnésies et ont trouvé à se reconvertir « en bons pères de famille ». Ils usent des réseaux de solidarité en gardant la conviction qu'ils ne sont pour rien dans ce qui est arrivé. Toute responsabilité est rejetée sur le Führer pour qui ils conservent en cachette une profonde admiration. La solidarité du soldat rescapé de l'enfer l'emporte sur n'importe quelle autre considération, au point que le procès de Nuremberg devient aux yeux des inculpés la « justice des vainqueurs » et que les crimes de guerre ne sont plus que la manifestation des « fidélités aux ordres » que l'on trouve dans chaque situation d'exception.

Dans le cadre de référence qu'est la guerre, ce sont les valeurs premières de survie et d'obéissance pour la survie qui animent tous les combattants, toutes hiérarchies confondues[161] :

> À partir de ce noyau de valeurs, on trouvait bien entendu des constructions intellectuelles différentes sur le sens du combat. Un national-socialiste convaincu voyait celui-ci autrement qu'un ancien communiste, un général de cinquante-deux ans pouvait avoir une autre vision qu'un lieutenant de vingt-deux ans. Mais ils étaient tous semblables dans l'idée de base qu'ils se faisaient de l'armée, et, dans le combat, la forme concrète que prenaient les

161 S. Neitzel, H. Welzer, *Soldats, Combattre, tuer, mourir : Procès-verbaux de récits de soldats allemands*, Paris, Gallimard, 2013, p. 497.

valeurs ne jouait aucun rôle tant que les soldats considéraient que leur noyau était pertinent pour ce qui concernait leur interprétation et leur action.

Le pire à déplorer est que le sentiment antisémite subsiste dans l'Allemagne vaincue et a pour effet que le retour des rescapés juifs ne provoque qu'hostilité ou indifférence de la part des vaincus. Dans l'Allemagne de l'Est aussi, et dès janvier 1953, le régime entreprend des purges contre les Juifs, accusés cette fois d'avoir pactisé avec l'Ouest. Pour les deux Allemagne, la question de la restitution des biens juifs est dérangeante. Ce qui prouve aussi le caractère bien ancré d'une idéologie qui incline à accepter que des fonctionnaires nazis viennent, sans soulever une trop grande indignation, combler les rangs de l'appareil d'état de la République fédérale d'Allemagne. Ainsi retrouve-t-on Hans Globke (1898-1973), anciennement défenseur des lois antisémites et bien averti du massacre des Juifs, au poste éminent de conseiller du chancelier Konrad Adenauer. De même, on pourrait se scandaliser du retour à la chancellerie du catholique Kurt Kiesinger, un ancien spécialiste de la propagande nazie. Pourtant, promoteur d'une politique de réconciliation, K. Adenauer, se décide le 27 septembre 1951 à reconnaître les souffrances du peuple tout en affirmant, cela pour ménager ses électeurs, que le peuple allemand dans sa majorité abhorrait ces crimes et n'y avait point participé. Ce frein à la dénazification eut pour conséquence le départ vers Israël ou vers d'autres pays européens de ce qui restait de l'intelligentsia juive et, conséquence plus lointaine, annonce la période sanglante (et longue : de 1968 à 1998) de la guérilla urbaine des Fractions Armée Rouge (Rote Armee fraktion).

La justice allemande et la justice des Alliés

Le procès de Nuremberg, puis le premier procès d'Auschwitz de 1947, pouvaient-ils être considérés par le peuple allemand comme des actions provenant de l'étranger ? Le deuxième procès eut lieu à Francfort et rendit des jugements du 20 décembre 1963 au 19 août 1965. Pour le redressement de l'opinion publique, et pour le procureur général qui a instruit les dossiers contre vents et marées, les jugements sont particulièrement cléments au regard des faits de torture commis à l'initiative des prévenus, et ce, sans contraintes. Prenons par exemple le cas de Victor Capesius (1907-1985), pharmacien, auteur d'au moins deux mille victimes, et collaborateur de Josef Mengele. Il est condamné à neuf ans, sort de prison après trois ans et retourne tranquillement à sa pharmacie ; ou le cas de Robert Mulka, adjoint du commandant du camp, qui n'aurait rien vu ni rien su, alors qu'il approvisionnait le camp en Zyklon B, et fut condamné à quatorze années d'emprisonnement. Il y a celui de Willelm Boger, inventeur d'une balançoire de son nom qui fonctionnait en frappant sur le détenu pendu par les mains et les pieds. Oswald Kaduk, transformé en « Papa Kaduk » à l'hôpital de Berlin-Ouest. Bref, des brutes épaisses qui se conduisirent de manière insolente devant le tribunal et d'une certaine manière reçurent un appui de leur défense qui malmène les témoins encore mal rétablis de leur servage. En fin de compte, la défense prit le parti d'insulter les victimes en arguant du fait que si celles-ci étaient encore vivantes, ce sont les *SS* qui les avaient arrachées à une mort autrement certaine.

Malgré les efforts de Robert Jackson, procureur en chef au procès de Nuremberg, le sentiment qui en résultait pour les plaignants fut désastreux : l'Allemagne restait terre d'hostilité pour ceux qui se croyaient intégrés et les procès ravivaient les souffrances du passé. Quant à la population, elle était saturée de ce retour incessant du passé. Les nazis avaient œuvré pour que leurs crimes soient déniés tantôt en effaçant les traces, tantôt en inventant leur propre histoire sous l'angle de victimes pour la faire passer pour moralement acceptable. Un sondage de 1966 indiquait que 63 % des hommes et 76 % des femmes ne voulaient plus de procès contre les anciens nazis[162].

[162] Pour compléments d'informations voir O. Guez, *L'impossible retour, une histoire des Juifs en Allemagne depuis 1945*, Paris, Flammarion, coll. « Champs histoire », n° 917, p. 159.

Le travail de réflexion ou de « déradicalisation »

Il faut donc attendre une vingtaine d'années pour que les masques tombent et pour qu'une nouvelle génération d'universitaires procède à l'étude sans contraintes du nazisme. Les années 1960 marquent un tournant et le « cas Auschwitz », pour autant que faire se peut, apparaît progressivement dans toute son horreur et est considéré par les penseurs allemands comme une véritable trahison de leur tradition, une victoire du Mal absolu, écrit Arendt. Toutefois, dans la discussion autour d'Auschwitz, les options de gauche, critiques, et de droite, conservatrices, ne cesseront d'enflamme les débats : au moins quant à la question de savoir comment aborder les événements. Deux choix se présentent : soit comme des événements exceptionnels, soit avec distance comme pour tous les autres événements historiques.

Le travail de réflexion poursuivi par Hannah Arendt, Theodor Adorno, Fritz Stern, Fritz Fischer, Jürgen Habermas et tant d'autres, remue les mentalités pacifiées par le boum économique. Dans le public du procès de Francfort se trouvait une jeune femme terrorisée par les témoignages, Ulrike Meinhof[163] ; elle représentera de manière radicale et téméraire la rébellion de la jeunesse contre les aînés à leurs yeux corrompus. Au cours du semestre d'hiver 1964-1965, l'université de Tübingen organisa un premier cycle de conférences sur le nazisme. On peut dire que depuis l'affaire ne s'est jamais terminée et que les médias allemands – notamment Arte – ne cessent d'y revenir, tandis que la « Querelle des historiens » dans les années 80 mobilise les intelligences de la gauche décidées à ne pas laisser la page se tourner, alors que la droite conservatrice revendique la protection de la raison d'État. Sont encore ressorties les thèses nationalistes d'Ernst Nolte, historien disciple de Heidegger, qui tentent de prouver que les Juifs auraient effective-

[163] Ulrike Meinhof (1934-1976) fut une des activistes les plus passionnées des *Fractions armées rouges*. De famille protestante, elle fit des études de philosophie, de sociologie et était considérée comme une journaliste de talent. Sa révolte portait contre la guerre du Vietnam et contre les gouvernements qui avaient recruté d'anciens nazis. Le groupe fut sans doute manipulé par l'Allemagne de l'Est.

ment constitué une menace intérieure, comme « démontré » par la révolution spartakiste.

Les rebondissements de l'affaire Heidegger et la traque des derniers nazis entretiennent la mémoire allemande jusqu'à nos jours ; de même que, malheureusement, les sursauts du néo-nazisme dans toute l'Europe. Quelques événements récents en font foi : le 7 décembre 1970 à Varsovie, Willy Brandt créa la surprise par un acte de contrition publique là où un demi-million de Juifs furent liquidés comme des punaises, comme le dit le *Spiegel* de l'époque. En 2005, le Mémorial de la Shoah fut finalement édifié après seize ans de discussion.

Pour nous en tenir à l'ouvrage d'un collectif de sociologues, paru en 2012 en Allemagne et en 2013 en traduction française, nous retiendrons des interviews qui concernent la deuxième génération d'après-guerre que les personnes concernées n'avaient aucunement conscience d'une culpabilité individuelle et avaient hérité des difficultés matérielles de leurs parents. Elles ignoraient ou voulaient ignorer la Shoah. Dans la suite, les familles cadenassèrent leur conscience pour les actes de leurs grands-pères. Elles pouvaient facilement adopter la fable que le nazisme des Rosenberg et des Goebbels n'était que celui d'une minorité de « mauvais », alors que le monde des « bons » n'avait fait que leur obéir sous la terreur. Le souci de se préparer un avenir tolérable l'emporte sur les faits, ce qui fait dire en conclusion aux auteurs de l'enquête[164] :

> Les processus émotionnels de souvenir et de transgression ne sont pas la même chose que l'apprentissage de faits et l'utilisation de savoirs – c'est la raison pour laquelle les certitudes transmises par la voie communicative et le savoir représenté sous forme cognitive constituent des domaines différents de la conscience historique. Ceux-ci, comme le montrent nos entretiens, peuvent coexister sans le moindre lien ; mais ils peuvent aussi, comme le montrent l'héroïsation et la victimisation corrélatives, nouer des liens auxquels aucun didacticien de l'Histoire ne se serait jamais attendu.

[164] H. Welzer, S. Moller, K. Tschuggnal, *« Grand-père n'était pas un nazi », National-Socialisme et Shoah dans la mémoire familiale*, Paris, Gallimard, 2013, p. 283.

À l'unisson, dans *Les Cahiers de Francfort,* Walter Dirks, chrétien démocrate et pour un temps collaborateur de Th. Adorno, révèle que le sentiment de responsabilité dans le déclenchement de la guerre, encore accentué par le génocide, n'a que peu affecté l'opinion publique de l'après-guerre. Celle-ci s'est facilement dédouanée en prétextant les crimes de guerre commis par les Alliés lors de leur marche vers leur victoire. La souffrance endurée par le peuple allemand lui-même joue dans cette perspective le rôle d'une *catharsis* collective, au point que la question d'Auschwitz ne revient que tardivement au premier plan, en fait, aux environs des années 1964-1965[165].

Et Th. Adorno lui-même n'a cessé de rechercher en quoi la récente démocratie allemande pouvait encore contenir de mythologie fasciste, ne serait-ce que dans le silence sur le passé, silence qui équivaut à une acceptation. C'est pourquoi, il qualifiera la philosophie de Heidegger de « dégénérée »[166], tout en ne cessant d'être interpelée par elle.

Mais le véritable choc sur l'opinion publique fut sans doute provoqué par le succès du film *Holocauste* de Marvin Chomsky, diffusé en 1978. Une manière contestable de faire mémoire en raison d'une mise en scène très « américaine », mais scénario populaire et moins pénible à supporter que le film de Claude Lanzmann[167] d'une durée de 10 heures et datant de 1985.

Quant à la manière de concevoir la guerre en général, il devient évident avec le recul que la pensée juridique de C. Schmitt a émigré dans le milieu des « Faucons américains » et de certains de leurs alliés de l'OTAN.

165 W. Sofski, *L'ère de l'épouvante,* Paris, Gallimard, 2002, p. 241.

166 Voir A.-P. Olivier, « L'éducation à la majorité selon T. W. Adorno », *Éducation et socialisation* [En ligne], 48 | 2018. Accessible sur : http://journals.openedition.org/edso/2991 ; DOI : 10.4000/edso, 2991.

167 C. Lanzmann (1925-2018) fut un journaliste engagé dans la résistance, familier du cercle de Sartre et réalisateur du film *Shoah* paru sur les écrans en 1985. Ce film est consacré à l'extermination des Juifs d'Europe.

Avec la chute du mur, une nouvelle ère commence pour une Allemagne « décomplexée où la parole s'est libérée, mais où les Allemands se posent de plus en plus en victimes du régime hitlérien, au point de laisser au hasard la différence entre le bourreau et la victime[168] »

Les années de redressement de l'Allemagne de l'Ouest font oublier le passé grâce à leur miracle économique. C'est alors la « publicité », plutôt que la propagande, qui ouvre la porte d'un autre rêve, celui de l'industrie culturelle, manière douce de domination idéologique, économique et technique des masses. Cette histoire-là sera suivie, dans le sillage d'Adorno, par les penseurs d'une autre génération comme Peter Sloterdijk, Axel Honneth, Gunther Anders, Bernard Stiegler, et la jeune génération des philosophes allemands.

[168] Voir les conclusions d'O. Guez dans *L'impossible retour*, *op. cit.*, p. 347.

Conclusion

La passivité des clercs allemands

Même s'ils ont subi les oscillations des époques de l'après-Révolution française entre nationalisme et internationalisme ; même s'ils étaient majoritairement conservateurs et très sceptiques vis-à-vis d'une jeune République ; même s'ils faisaient l'objet d'un conflit de loyauté, une collaboration directe à l'expansion de l'idéologie meurtrière n'offre pas beaucoup de circonstances atténuantes. La question de l'eugénisme, les signaux envoyés par leurs confrères philosophes, psychologues, sociologues ou même physiciens acculés à l'exil étaient des avertissements qui exigeaient une réaction virulente. Pour les résistants « passifs », le maintien de leur poste et la protection d'une vie de famille à l'abri des tourments du siècle – le vœu général de l'opinion publique – sont des circonstances atténuantes, mais supposent une dose de surdité volontaire quand les rumeurs à propos des camps et de ce qui se passait à l'est commençaient à filtrer. Au moins avaient-ils le devoir, lorsque la parole serait libérée, de témoigner, d'aider et de militer en faveur des victimes, ce que les jeunes générations ont fait. Il ne faut sans doute pas attendre des clercs ou du reste de la population d'avoir un goût particulier pour le martyr, alors que la norme commune est modifiée en profondeur et que le salut se lèvera avec l'américanisation.

Le témoignage de H. Arendt est particulièrement sévère vis-à-vis des intellectuels[169] :

> Je vivais dans un milieu d'intellectuels, mais je connaissais d'autres personnes et je pouvais constater que suivre le mouvement était pour ainsi dire la règle parmi les intellectuels, alors que ce n'était pas le cas dans d'autres milieux. Et je n'ai jamais oublié cela. (...) Voyez-vous, on n'a jamais reproché à un homme de suivre le mouvement parce qu'il avait une femme et des enfants à charge. Ce qui fut bien pire, c'est que certains y ont vraiment cru ! Pour peu de temps, la plupart, pour très peu de temps. Ce qui signifie encore : les intellectuels allemands ont également eu des théories sur Hitler. Et des théories prodigieusement intéressantes ! Des théories fantastiques, passionnantes, sophistiquées et planant très haut, au-dessus des divagations habituelles. J'ai trouvé cela grotesque. Les intellectuels se sont laissé prendre au piège de leurs propres constructions : voilà ce qui se passait en fait et que je n'ai pas bien saisi à l'époque.

Pour une liste plus complète des physiciens, biologistes, historiens, médecins, juristes philosophes qui ont adhéré avec enthousiasme à l'hitlérisme, on consultera l'essai de Max Weinreich, *Hitler et les professeurs*[170], qui affirme avec raison que le nombre de ceux qui se sont opposés de front au nazisme est restreint.

Heidegger est l'exemple même de l'intellectuel dans la tempête qui croit dans l'importance de sa recherche et trouve une opportunité pour la soumettre aux faits en s'engageant en faveur d'un parti politique dont il a idéalisé les intentions. Il est resté aveugle à plusieurs symptômes que son ami Jaspers, avec moins d'ambition philosophique mais plus de flair politique, a perçus avant lui. Heidegger fut pris en tenaille dans un conflit de loyauté entre sa nation et sa tradition néo-païenne. H. Arendt critiquait Eichmann parce que ce dernier n'était qu'un exécuteur médiocre qui ne s'était pas élevé à la « pensée ». Heidegger, lecteur des articles de Rosenberg dans le *Völkischer beaobachter*, mais s'abritant dans les hauteurs de sa pensée post-métaphysique, n'avait comme politique que la hâte d'un redressement de l'Allemagne et à l'instar de beau-

[169] H. Arendt, *La tradition cachée*, Paris, Bourgois, (1947) 1987, p. 238.

[170] M. Weinreich, *Hitler et les professeurs*, Paris, Les Belles Lettres, 2013.

coup d'Allemands opposés aux solutions démocratiques s'est rangé à l'idée que capitalisme et communisme devaient être repoussés comme autant d'avatars de la technocratie et du monde moderne. En premier, il fallait replacer les événements dans la perspective de l'être et montrer l'échec d'une pensée qui placerait l'homme (le sujet) au centre d'un univers soumis à son désir. En second, il fallait, en guise de dépassement de ces idéologies ou de ces philosophies sclérosées, en revenir à une attitude contemplative où la poésie, un autre langage et donc une autre pensée, pourrait sortir l'entendement d'une langue étriquée. Et la question demeure : quel degré de souffrance acceptable et quel prix auraient à payer les étudiants, le peuple et l'Allemagne, engagés dans une lutte à mort comme proposée par Heidegger dans les années trente ?

Heidegger était prisonnier de sa germanitude, de ses relations, de sa carrière et de l'engagement de ses fils dans l'armée allemande. À la limite, ses aspirations peuvent être considérées comme des actes d'une forme de résistance passive, mais suffisamment ténus pour échapper à la pression de l'Autorité nazie. Si la volonté de puissance de l'étant humain l'a beaucoup intéressé, on peut déplorer qu'il n'en voie par le revers, à savoir le sujet souffrant de cette volonté de puissance même.

Néanmoins, on retirera de la lecture des *Carnets* beaucoup de pistes dont celle qui préoccupe notre post-modernité, à savoir la force de destruction qu'elle continue à déployer de manière totalement irrationnelle, au point qu'on peut en termes heideggériens l'appeler « époque de la carence de la vérité ».

Les rivaux complémentaires

Rosenberg, les rivaux ennemis – mais beaucoup d'ennemis, Goebbels en avait – étaient en quelque sorte complémentaires. Le premier se donnait des airs d'intellectuels en assimilant et en détournant pour renforcer son capital de prestige la grande tradition de l'*Aufklärung* réduite à son conservatisme et à son nationalisme. Comme le dit le philosophe américain Jean Rey, la loyauté n'est loyauté que quand elle respecte la loyauté des autres, donc quand elle prend une dimension universelle. Pour Rosenberg, dans sa dimension critique, la philosophie n'avait plus rien de nécessaire. L'idéologie devenait en quelque sorte la transposition didactique de ce qu'il en avait retenu, à savoir que la philosophie aussi c'est la guerre – dans les esprits – et que la vérité gagnante, la seule qui compte, est celle qui s'adjoint la force de persuasion. Non plus une réflexion sur la violence, mais une imposition de la violence qui fera accoucher de l'homme nouveau ; non plus le créateur selon Nietzsche mais un homme de fer qui se conduira comme tel et dans l'engagement vis-à-vis de l'État et au sein de sa famille. Une sorte de retour de l'homme romain, soldat, paysan, artisan, modèle dont le Germain aurait hérité et qu'il aurait dépassé.

Lors de sa défense à Nuremberg, le « grand penseur du nazisme » s'était mis à contredire le contenu de ses *Carnets*. Non, il n'avait pas essayé de détruire les autres religions. Non, son idée d'épuration des Juifs n'était pas indécente ou malhonnête, car il avait défendu l'Allemagne. Quant à la question de la supériorité de la race allemande, qui avait justifié tous les massacres, il tenta de l'éluder. Il ignorait l'existence des camps de concentration, alors que son ministère était au premier rang de la répression. La faute en était selon lui à Heinrich Himmler. Si la ruse de l'auteur du *Mythe* dans ses tentatives de minimisation de son rôle subsistait, son corps, lui, se décomposait et c'est tremblant qu'il reçut son acte d'accusation.

Et pour encore tisser la comparaison avec le mythe du Chevalier chrétien, plus chevalier que chrétien, on pourrait suivre Denis Crouzet dans *Les Guerriers de Dieu*[171] :

> La logique de l'engagement catholique dans la violence la plus extrême se trouve dans cette surgie en soi du Temps à venir, surgie qui est la marque d'une élection, d'une bénédiction.

Pour les nazis aussi le temps à venir justifie toutes les violences. Quand il s'adresse aux exécuteurs, Himmler leur dit que la besogne sera pénible, mais qu'elle doit être faite. Dans le même ordre d'idées, Rosenberg, convaincu de sa noblesse, note[172] :

171 D. Crouzet, spécialiste du XVIe siècle, *Les Guerriers de Dieu*, Paris, Champ Vallon, 1990, p. 180.

172 A. Rosenberg, *Le Mythe du XXe siècle, op. cit.*, p. 168.

> Le chevalier germanique lui aussi, a un moment de faiblesse quand les bas instincts prennent le dessus. Il se rend coupable d'actes peu glorieux, mais lorsqu'ultérieurement il en répond, il les reconnaît et en accepte les conséquences.

Le nazisme fut bien une métaphysique de la force, avec le sacrifice de boucs émissaires, au nom d'une eschatologie corrompue, d'un nationalisme violent et exclusif.

Au Procès de Nuremberg, certains dirigeants nazis, s'appuyant sur la morgue de Hermann Göring ont adopté une attitude de dédain. Effectivement, ils étaient contraints de comparaître, devant des représentants de leur adversaire « judéo-communiste », victorieux de leur mythe. Le représentant du monde militaire, comme le *Generalfeldmarschall* Wilhelm Keitel, a cru que la Deuxième Guerre mondiale se terminerait comme les guerres antérieures sans rompre la déférence des vainqueurs vis-à-vis des autorités vaincues. Dans la tourmente d'une cuisante défaite, il passait sous silence le credo de Rosenberg – le vainqueur a raison ; le vaincu a tort –. C'est qu'ils n'avaient jamais envisagé avant Stalingrad de ~~pouvoir~~ devoir appartenir à la race des vaincus. Ils n'imaginaient pas non plus être confrontés pour leur comportement meurtrier aux règles élémentaires d'humanité. Pour leur défense, ils n'ont eu de cesse de s'appuyer sur le caractère rétrospectif de la notion nouvelle de « crime contre l'humanité ».

La participation des médecins allemands à l'idéologie nazie et ses conséquences

La participation des médecins allemands est difficilement compréhensible sauf pour ceux qui, insensibles à toute humanité, cherchaient un appui dans l'État nazi, éventuellement pour leurs recherches. Pour y souscrire, il fallait s'abandonner avec délectation à un incontestable sentiment de supériorité de même qu'à un antisémitisme viscéral. L'argument qui consistait à invoquer l'eugénisme comme soulagement pour les maux de l'humanité fait partie de cette politique du surhomme nazi supérieur au Slave, au Tzigane et à l'Africain. Il n'y a pas lieu d'accorder la moindre excuse à cette logique qui enfreint des principes, qui renforce la déshumanisation, efface les remords, et conforte l'individu dans une idéologie meurtrière. Les règles à respecter dans la pratique de l'expérimentation humaine avaient largement été discutées aux et même en Allemagne dans les années 1927. Elles étaient inscrites dans une circulaire du Ministère de l'Intérieur de la République de Weimar. Le secret qui entourait les exterminations et le double langage utilisé pour les euphémiser sont des aveux de culpabilité. D'une certaine manière, l'« affaire Heidegger » comparée aux actes d'extermination accomplis par les médecins, si rapidement intégrés aux plans insensés de Hitler, paraît mineure. Elle a eu l'« avantage » de détourner l'attention du public de l'engagement odieux des scientifiques. Avec le nazisme, les règles éthiques de l'empathie et de la compassion étaient signes de faiblesse, comme le disaient Himmler, Rosenberg et Goebbels, alors qu'avoir supporté le carnage était signe d'héroïsme.

Les généticiens, psychiatres, anthropologues survivant au conflit n'ont guère apprécié que les historiens de la médecine ou que leurs jeunes confrères comme Karl Seller, Benno Müller-Hill ou Max Weinreich[173] reviennent avec des questions gênantes sur un épisode tragique de la médecine allemande, autrefois internationalement réputée. Lors d'entretiens réalisés avec les proches ou avec les intéressés eux-mêmes par Benno Müller-Hill, généticien à l'Université de Cologne (1933-2018), ils se sont retranchés derrière des circonstances atténuantes diverses. Le remords a sans doute eu raison des suicides. Ceux qui ont repris leurs activités médicales ont cherché à oublier ce passé en invoquant soit la pression politique, soit l'ignorance de ce qui se passait hors laboratoire à quoi ils ajoutaient les souffrances éprouvées lors de leur arrestation par les Russes ou par les Américains. Ils ont invoqué une forme de résistance administrative quand ils falsifiaient pour les sauver les résultats sanguins de tel ou tel patient forcé. Ils pouvaient aussi prétexter leur réinsertion pacifique dans la République fédérale d'Allemagne ou dans la République démocratique allemande.

[173] M. Weinreich, *Hitler et les professeurs*, Paris, Les Belles Lettres, 2013.

Sur le terrain de la déontologie médicale, le *Code de Nuremberg* de 1947[174] adopte une ligne de conduite plus précise et plus contraignante dans l'exercice de l'expérimentation sur des humains et impose des conditions d'application dont, en résumé :

- Le consentement volontaire du sujet de l'expérience ; pour consentir, il doit jouir de capacité légale totale ; il doit connaître la nature et le but de l'expérience ; il doit connaître les conséquences sur sa santé.

- L'expérience doit produire des résultats pratiques pour l'humanité qu'aucune autre méthode ne pourrait donner.

- L'essai doit être entrepris à la lumière d'expérimentation animale et des connaissances de l'histoire de la maladie de façon à justifier par les résultats attendus l'exécution de l'expérience.

- L'exécution de l'expérience doit être conduite de façon telle que soient évitées toute souffrance et toute atteinte.

- Aucune expérience ne doit être conduite lorsqu'il y a des raisons de croire que la mort ou des blessures invalidantes surviendront ; sauf, peut-être, dans des cas où les médecins qui font les recherches servent eux-mêmes de sujets à l'expérience.

- Les risques encourus ne peuvent jamais excéder la valeur positive pour l'humanité du problème que doit résoudre l'expérience proposée ;

- Tout devra être mis en œuvre pour éviter tout effet secondaire à long terme.

[174] Selon la traduction de P. Amiel, F. Vialla. « La vérité perdue du code de Nuremberg : réception et déformations du "code de Nuremberg" en France. » *Revue de droit sanitaire et social*, Sirey, Dalloz, 2009, *Code de Nuremberg*, pp. 673-687. Cf. aussi B. Halioua, *Le procès des médecins de Nuremberg*, Toulouse, Érès, 2017.

- Les expériences ne doivent être pratiquées que par des personnes scientifiquement qualifiées. Le plus haut degré de compétence professionnelle doit être exigé tout au long de l'expérience, de tous ceux qui la dirigent ou y participent.

Il est inutile de souligner qu'aucun de ces principes n'a été suivi par le corps médical impliqué dans la destruction de la « vermine » et la voix des rares contestataires comme celle du Professeur Scheidt, du Professeur Ewald ou du Professeur Jaspersen, se perdit dans celle de leurs confrères consentants.

Le legs de Goebbels

Goebbels n'est pas le premier à se demander comment gérer à son gré l'opinion publique. Chomsky fait remarquer que c'est le président des États-Unis, Woodrow Wilson, qui est parvenu à convertir en six mois la population américaine pacifiste pour entrer en guerre et sauver le monde. Certains politiques de l'extrême-droite ont également adopté la stratégie cynique de Hitler, de Rosenberg et de Goebbels : si l'opinion publique est malléable et peu capable de porter un jugement pertinent, alors place est ouverte à une élite qui dirige cette opinion qui est de toute façon incapable de maîtriser la complexité des problèmes.

Et cette attitude devient la norme. Il devient donc politique d'« atomiser » la société et de lui présenter comme mode de vie de consommer de l'image et des slogans.

Dans le monde capitaliste industriel, les groupes dirigeants ont, comme dans les régimes totalitaires, besoin d'un système de croyances qui justifie leur domination. Le système, dit libéral, est plus lâche en ce sens que, dans une certaine mesure, il tolère la discussion. Mais il repose de la même manière sur une structure simple en deux actes. Le premier met en scène une menace qui, si on n'y répond, est signe de décadence, ou de perte d'influence ou, au moins, de la perspective d'un déséquilibre dans les échanges commerciaux. Dans un second temps, on en appelle à un éveil fédérateur des consciences et à la nécessité d'une mission inscrite dans les principes directeurs. Noam Chomsky, linguiste bien connu pour ses contributions scientifiques et pour sa « déconstruction » de la presse américaine, ajoute[175] à ce schéma :

> Mais il suffit de remarquer que les clercs au service de la religion d'État, grâce à la tactique de la feinte discussion propre au système de propagande américaine, sont parvenus dans une très large mesure, et en peu d'années, à détruire la vérité historique et à la remplacer par une histoire plus confortable, rejetant la responsabilité morale de l'agression américaine sur les victimes, tirant de la guerre des leçons socialement anodines (celle-ci s'analyserait en termes d'ignorance, d'erreur et de coûts), et reconstruisant une doctrine adéquate de la mission civilisatrice de l'Occident, Amérique en tête.

Un nouveau mythe du bonheur par l'argent se répand universellement, comme s'il pouvait, en dépendance des méthodes universelles d'incitation à la consommation, apaiser les tensions et continuer à supposer que les ressources de la Terre sont inépuisables.

Les croyances religieuses en débat

Les trois protagonistes ont eu une formation chrétienne. Ils l'abandonnent pour des raisons diverses : Heidegger pour la censure exercée sur la pensée par le Vatican, Rosenberg et Goebbels pour la liaison entre christianisme, judaïsme et morale des faibles qui aurait invité le peuple, saigné par la Grande Guerre, à la soumission. Aucune des Églises n'était arrivée à calmer les ardeurs mortelles des belligérants et toutes ont dû, dans leurs divisions internes, encourager leurs nationaux. On s'aperçut que Jésus, personnage hautement conceptuel, comme dirait M. Onfray, c'est-à-dire cible de projections diverses, pouvait être invoqué aussi bien du côté aryen que du côté communiste. C'est dire si ce référent religieux perdait de sa crédibilité. Rosenberg a tiré pour lui le meilleur parti de son antisémitisme viscéral pour en nourrir ses articles. Goebbels a trouvé dans le culte de la personnalité de Hitler de

175 N. Chomsky, « La restructuration idéologique aux États-Unis », *Le Monde*, mars 1979, pp. 9 -10.

quoi rompre avec son passé hésitant et satisfaire son narcissisme. En pleine crise morale, le fascisme présentait des atouts : dans le chaos généralisé, il offrait une idéologie, une solidarité, un Führer, un système de terreur et un ennemi commun, que l'on se forge soit du côté capitaliste, soit du côté du communiste, et qui est donc en mesure d'ourdir un complot universel. Dans son livre *Le Fascisme en Action* de 2004, Robert Owen Paxton, historien de l'université de Columbia et spécialiste de la Deuxième Guerre mondiale, a listé les forces de persuasion des fascismes et a relevé neuf positions particulièrement mobilisatrices : un sentiment de crise hors de la portée des solutions traditionnelles ; la primauté du groupe sur les individus ; la croyance en la victimisation de son groupe ; une forte impression de déclin devant les effets destructeurs de l'individualisme libéral, des conflits de classe et des influences étrangères ; le besoin d'une société plus « pure » et mieux intégrée ; le besoin de se soumettre à l'autorité d'un leader naturel, dont l'« instinct » est jugé supérieur à la rationalité instrumentale ; l'esthétisation de la violence et le « droit » du « peuple élu » à dominer les autres ».

Rosenberg et Goebbels ont facilement balayé les scrupules chrétiens, qui leur apparaissaient d'un autre âge, et ont opté pour l'image d'un « homme nouveau » dont les pères étaient Hitler, Jünger, Nietzsche, soutenus par tout le champ des intellectuels nazifiés. Néanmoins, Rosenberg ne sous-estimait pas l'impact des sermons du clergé sur ce qu'il appelait la « subversion des âmes ».

Les deux complices d'Hitler ont opté, après des itinéraires différents et en se regardant comme des rivaux, pour mettre toutes leurs énergies de fanatiques au service du mythe de la violence rédemptrice. Dans la guerre qu'ils menaient contre les religions établies, ils étendaient l'aspect sacrificiel du christianisme à tous les êtres qu'ils considéraient comme appartenant à une race inférieure. Ainsi, et ce qui n'est pas du tout heideggérien, croyaient-ils écrire l'Histoire à l'écoute d'un dieu de la puissance. Les deux vassaux de Hitler, en cela presque des ses sosies, – Rosenberg pour les extrapolations de *Mein Kampf* ; Goebbels pour ses intonations et sa gestuelle, – adoptent le profil sadomasochiste de leur maître. Au complot imaginaire, à la peur d'une dégénérescence, ils opposent la libération de pulsions destructrices transférées dans un déchaînement de moyens qui mobilisent, jusque dans la défaite annoncée, toutes les ressources morales et toutes les ressources économiques du peuple allemand.

La complicité des autorités d'occupation

Américains, Russes, Anglais et Français ont mis la main sur une partie de l'intelligentsia scientifique allemande, physiciens et médecins, pour connaître le résultat de leurs expériences et de leurs connaissances en balistique, en virologie, en espionnage et dans la fabrication des gaz de combat. L'opération *Paperclip,* organisée par Allen Dulles (1893-1969), premier directeur de la CIA, a fermé les yeux sur l'engagement nazi de scientifiques jugés intéressants, mais coupables d'avoir exploité sans remords des détenus forcés à travailler comme des esclaves. Environ mille six cents intellectuels allemands ont été incorporés dans les divers services de l'Armée américaine, ont continué la lutte contre le communisme et favorisé le programme spatial de la NASA. Désormais, les exigences de la Guerre froide devenaient sur le terrain stratégique prioritaires. Les deux partis organisaient de la même manière la capture des cerveaux.

Heidegger

S'il avait des contacts et même des relations d'amitié avec Fr. Fischer et J. Bühler, un national-socialiste acharné, s'il avait emprunté à Jakob von Uexküll la notion d'*Umwelt,* Heidegger restait éloigné des sciences expérimentales qu'il considérait inférieures par rapport à la métaphysique qui les animait. Au début de sa carrière universitaire, il s'était intéressé aux mathématiques et aux sciences de la nature, mais s'est tourné vers l'histoire médiévale. L'aventure si tragique du biologisme nazi, dont les effets étaient patents pour qui voulait les voir, lui offrait un champ d'investigation urgent pour le statut de la philosophie en tant qu'éthique. Il se révèle que sa conception de la technique est restée fixée à une représentation mécanique, alors que la génétique allemande, même dans ses conséquences barbares, annonçait des possibilités inouïes dans la lutte contre les maladies héréditaires, dans la déconstruction de la notion de « race » et dans la conservation de la nature. Pourvu, et c'est ce qui s'est passé, que ces disciplines soient restaurées dans un cadre démocratique. Quant à la question juive, qu'elle ne fasse pas partie de ses intérêts immédiats au profit de visions à distance, prouve simplement que l'histoire « tout court » met bien à mal l'« histoire de l'être ».

Bibliographie

Liste des ouvrages et des articles cités

Pour Rosenberg, nous renvoyons à A. Rosenberg 1934-1944, *Journal,* Flammarion, 2015, édition établie par J. Matthaus et Fr. Bajohr avec une longue introduction et des notes très documentées. En ce qui concerne la version du *Mythe du XXe siècle,* nous nous sommes servi de l'édition mise en format pdf et publiée sur le net par Ungraindesable.

Goebbels est l'auteur de plus de vingt volumes. Pour la comparaison avec Goebbels, nous nous sommes laissé guider dans ce dédale par la monumentale biographie de Peter Longerich, *Goebbels,* 2 volumes, 2015, Paris, Tempus, n° 592, et par l'édition du *Journal* proposée par Horst Möller (Université de Munich), par Barbara Lambauer, historienne spécialisée dans l'histoire allemande, autrichienne et française des années 1930-1940, et par Elke Frölich qui, chercheuse à l'Institut d'histoire contemporaine, a dirigé l'édition intégrale du *Journal.* Cette édition est éditée par Tallandier (1998-2005.) Peter Longerich est également auteur d'une biographie approfondie d'Hitler.

Pour Heidegger, nous avons suivi les débats depuis le livre contestable de Victor Farias[176]. On peut consulter l'immense bibliographie sur l'« affaire Heidegger », dans E. Faye, *Heidegger, le sol, la communauté, la race,* Paris, Beauchesne, 2014, et, ouvrage

[176] V. Farias, *Heidegger et le nazisme*, Paris, Verdier, 1987.

plus récent et plus favorable au philosophe, dans von Hermann, F.-W., Alfieri F., *Martin Heidegger, La vérité sur les Cahiers noirs*, Paris, Gallimard, 2018. von Hermann, assistant privé de Heidegger de 1972 à 1976, a été chargé de la supervision des *Carnets* et dirige l'édition des *Gesamtausgabe*. Dans son live, il propose en version bilingue de larges extraits des Cahiers noirs, traduits par Pascal David. Pour une vue panoramique des débats autour de l'antisémitisme de Heidegger, on peut consulter la recension du livre de von Hermann sous la plume d'Étienne Pinat dans *Actu Philosophia* du lundi 1er octobre 2018, accessible sur http://www.actu-philosophia.com/Friedrich-Wilhelm-von-Hermann-Francesco-Alfiero.

Les biographies de Guillaume Payen, *Martin Heidegger, catholicisme, révolution, nazisme* (Perrin, 2016) et celle, plus ancienne, de Rüdiger Safranski, *Heidegger et son temps* (Grasset, 1994), comportent une abondante bibliographie avec les dates des originaux et celles des traductions.

On doit aussi mentionner la traduction d'*Être et temps* par Emmanuel Martineau, accessible en édition numérique sur http://t.m.p.free.fr/textes/Heidegger_etre_et_temps.pdf.

Adorno T. W., *Jargon de l'authenticité*, Paris, Payot, n° 716, 2009.

Alain-Patrick O., « L'éducation à la majorité selon Theodor W. Adorno », Éducation et socialisation, *Les Cahiers du Cerfee*, n° 48, 2018.

Allen V., Axiotis A.-D., *L'Art d'enseigner de M. Heidegger*, Paris, Klincksieck, 2007.

Arendt H., *La tradition cachée*, Paris, Bourgois, (1947) 1987.

Baumann Z., « Modernity and Ambivalence », Ithaca, *N. Y., Cornell University Press*, 1990.

Bourget P., *Essais de psychologie contemporaine*, t. 1, Paris, Plon, 1901.

Courtois S. « Les paganismes de la Nouvelle Droite (1980-2004 »). Science politique. Université du Droit et de la Santé – Lille II, 2005.

Chebel d'Appollonia A., *L'extrême Droite en France, De Maurras à Le Pen*, Bruxelles, Complexe, 1999.

Chaouat B., *Penser la terreur,* Dijon, Éditions universitaires de Dijon, 2009.

Chapoutot J., *La révolution culturelle nazie,* Paris, Gallimard, 2017.

Chomsky N. et Chesney W. Mc, *Propagande, médias et démocratie,* Québec, Ecosociété, 2016.

Cohen-Solal A., *Sartre, 1905-1980,* Paris, Gallimard, 1985.

Costelle D., *Prisonniers nazis en Amérique,* Paris, Acropole, 2012.

Crouzet D., *Les Guerriers de Dieu,* Paris, Champ Vallon, 1990.

De Towarnicki F., À la rencontre de Heidegger, Paris, Gallimard, 1993.

Di Cesare D., *Heidegger, les Juifs, la Shoah,* Paris, Seuil, 2015.

Drumont E., *Libre parole* du 23 février 1898.

Dupeux L., « Aspects du fondamentalisme national en Allemagne de 1890 à 1945 et essais complémentaires », Strasbourg, *Presses universitaires, Les mondes germaniques,* 2001.

Faye E., *Heidegger, le sol, la communauté, la race,* Paris, Beauchesne, 2014.

Gentile E., *Pour ou contre César,* Paris, Aubier, 2013.

Guérin D., *Fascisme et grand capital,* Paris, Libertalia, 2014, p. 129.

Gobineau A. de, Œuvres, vol. I, Paris, Gallimard, coll. « Bibliothèque de la Pléiade », 1983.

Grunenberg A., *Hannah Arendt et Martin Heidegger,* Paris, Payot, n° 873, 2012.

Guez O., *L'impossible retour,* Paris, Flammarion, coll. « Champs histoire », n° 917, 2009.

Fuchs E., *Entre chiens et loups,* Paris, Le Félin, 2011.

Hadas-Lebel M., « Une amnésie théologique : le "Jésus aryen" », Centre national de l'AJCF – Paris, 14 février 2016.

Heidegger M., « La provenance de l'art et la destination de la pensée », conférence tenue le 4 avril 1967 à l'Académie des sciences et des arts d'Athènes ; *Cahier de l'Herne,* 1983, Biblio essais, n° 4048. *Les Cahiers noirs* auxquels il est fait allusion, publiés en 2014 et 2015, sont numérotés de 94 à 97. L'édition intégrale des écrits de M. Heidegger (*Gesamtausgabe* ou GA.) a été commencée en 1975 chez Vittorio

Klostermann à Francfort. Leur rédaction couvre les années de 1931 à 1948.

Husson E., *Quand et comment ils décidèrent de la « solution finale »*, Paris, Perrin, 2005.

Jäckel E., *Hitler idéologue*, Paris, Gallimard, 1973.

Jankélévitch V., *L'esprit de résistance*, 1943 -1983, Paris, Albin Michel, 2015.

Keyserling, Hermann de, « Réflexions sur Gobineau », La Nouvelle Revue française, 22e année, n° 245, 1er février 1934.

Kershaw I., *La fin, 1944-1945*, Paris, Seuil, coll. « Points Histoire », 2012.

Klemperer V., *LTI, La langue du IIIe Reich*, Paris, Agora, 1996, n° 202.

Lacroix A., « Existe-t-il une pensée fasciste ? », *Philosophie*, n° 79, mai 2014.

Lapouge. G. Vacher de, *L'Aryen, son rôle social*, Paris, Fontemoing, 1899.

Levinas E., *Quelques réflexions sur la philosophie de l'hitlérisme*, Paris, Rivages, coll. « Poche », 1997.

Linde R., *Studien zur Entkräftung, Wirkung und Struktur totalitären Denkens* (« Est-ce que je suis quand je ne pense pas ? Études sur la pensée totalitaire, sa structure et son action, en vue de son information »). Présentation et résumé par J.-P. Marchand, accessible sur http://skildy.blog.lemonde.fr/2007/06/09/reinhard-linde-etudes-sur-la-pensee-totalitaire/ Centaurus Verlag Herbolzheim 2003.

Foucault M., *Dits et écrits II*, Paris, Gallimard, 1980.

Longerich P., *Goebbels*, 2015, Paris, Tempus, n° 592.

Mensching G., *Philosopher en France sous l'occupation*, Paris, Publications de la Sorbonne, 2009.

Nietzsche F., *Der Wille zur Macht, La Volonté de puissance ; Par-delà le bien et le mal*, Idées, Paris, Gallimard 1971 ; *L'Antéchrist*, Paris, Flammarion, 1994.

Ortoli S., « Le nazisme, un mal qui donne à penser », interview de J. Chapoutot. *Philosophie hors-série*, 27/avril, 2018.

Patin N., « Le Journal de Goebbels. Un parcours critique. », *Vingtième Siècle*, 2009/4 (n° 104).

Payen G., *M. Heidegger, catholicisme, révolution,* nazisme, Paris, Perrin, 2016.

Paxton O., *Le fascisme en action*, Paris, Seuil, 2004.

Péguy C., *Notre jeunesse,* 1910, III, p. 20 ; Œuvres en prose complètes, Paris, Gallimard, coll. « Bibliothèque de la Pléiade », t. III, 1992.

Poliakoff L., *Histoire de l'antisémitisme, t.3*, Calmann-Lévy, 1968. *Le mythe aryen*, Bruxelles, Complexe, 1971.

Politzer G., « L'obscurantisme au vingtième siècle », *La Pensée libre*, n° 1, Paris, 2/1941.

Quillien J., « Philosophie et politique. Heidegger, nazisme et pensée francaise », *Germanica*. Accessible sur http://germanica.revues.org/2436 ; DOI : 10.4000/germanica.2436

Raulet G., *La philosophie allemande depuis 1945*, Paris, Armand Colin, 2006.

Riether F., *Cours de l'hygiène des corps à l'hygiène raciale*, accessible sur http://upavignon.org/wp-content/uploads/sites/24/2017/09/Calendrier-UPA-2017-2018-Trim1.pdf.

Ricœur P., *Du texte à l'action*, Paris, Seuil, 1986.

Rosenberg A., *Le Mythe du XXe siècle*, Paris, Avalon 1986. Accessible surfile:///Users/cthys/Desktop/Full%20text%20of%20_Le%20Mythe%20Du%20XXe%20Sie%CC % 80cle.htmp. Journal, Flammarion, 1934-1944, 2015.

Safranski R., *Heidegger et son temps*, Paris, Grasset, 1996.

Sartre J.-P., *Situations IV*, Paris, Gallimard, 1964.

Schmitt C., *La notion du politique*, Paris, Flammarion, coll. « Champs », 1992.

Schneidermann D., *Berlin, 1933*, Paris, Seuil, 2018.

Sofski W., *L'ère de l'épouvante*, Paris, Gallimard, 2002.

Sternhell Z., *Les Anti-Lumières*, Paris, Fayard, 2006.

Taguieff P.-A., *La couleur et le sang. Doctrines racistes à la française, nouvelle édition refondue*, Paris, Mille et une nuits, 1998.

Taguieff P.-A., *Pourquoi nous ne sommes pas nietzschéens*, Paris, Le Livre de Poche, coll. « Biblio Essais », 1991.

Taguieff P.-A., « Figures de la pensée raciale », *Cités*, 4 (n° 36), 2008.

Towarnicki F. de, À la rencontre de Heidegger, Paris, Gallimard 1993.

Trawney P., *Heidegger et l'antisémitisme*, Paris, Seuil, 2014.

Volk H., *L'Épiscopat bavarois et le national-socialisme, 1930-1934*, Mayence, 1966.

Welzer H., Moller S., Tschuggnal K., « *Grand-père n'était pas un nazi, National-Socialisme et Shoah dans la mémoire familiale* », Paris, Gallimard, 2013.

Winock M., Le siècle des intellectuels, Paris, Points, 1997.

Wittman R. K. et Kinney D., *Le journal du diable*, Paris, Pocket 2016, n° 16890.

Liste des ouvrages consultés

Augstein R., Bracher K.D., Broszat M., Brumlik M., *Devant l'histoire. Les documents de la controverse sur la singularité de l'extermination des Juifs par le régime nazi*, Paris, Cerf, 1988.

Adorno Th.W., *Éduquer après Auschwitz*, Modèles critiques, Interventions – Répliques, (1963, 1965), Paris, Payot, 2003.

Arendt H., Jaspers K., *La philosophie n'est pas tout à fait innocente*, Lettres choisies et présentées par Jean-Luc Fidel, Paris, Petite Bibliothèque Payot, 2006.

Arendt H. *Le Système totalitaire*, 3e partie *Les Origines du totalitarisme*, Paris, Points, n° 53, 1972.

Arendt H., *La condition de l'homme moderne*, Paris, Agora, n° 24, 1983.

Assouline P., « Que faire de Heidegger ? » Accessible sur http://passouline.blog.lemonde.fr/2005/06/23/2005_06_laffaire_heideg/.

Ayçoberry P., *La question nazie*, Paris, Seuil, 1979. *La société allemande sous le IIIe Reich*, Paris, Points, H 246, 1998.

Bloch M., *Sujet-Objet, Éclaircissements sur Hegel*, Paris, Gallimard, 1977.

Broszat, M., *L'*État *hitlérien, l'origine et l'évolution des structures du IIIe Reich*. Paris, Fayard, 1985. (Publié en 1970 à Munich.)

Blet P., *Pie XII et la Seconde Guerre mondiale*, Paris, Tempus, n° 102, 2005.

Browning C. R., *Des hommes ordinaires*, Paris, Texto, 2007.

Conche M., *Heidegger par gros temps*, Paris, Les Cahiers de l'égaré, 2004.

Dujardin J. *L'Église catholique et le peuple*, Paris, Calmann-Lévy, 2003.

Droz J., *Le Socialisme démocratique 1864-1960*, Paris, Armand Colin, 1968.

Dupeux, L., *La révolution conservatrice dans l'Allemagne de Weimar*, Paris, Kimé, 1992.

Faye E., *Heidegger, L'introduction du nazisme dans la philosophie*, Paris, Le Livre de Poche, coll. « Biblio Essais », 2005.

Finkielkraut A., *L'interminable écriture de l'Extermination*, Paris, Folio, 2010.

François E., « Un mythe fondateur négatif », *Nouvel Observateur*, L'Histoire en procès, hors-série, n° 70, octobre-novembre 2008.

Fromm E., *La peur de la liberté*, Paris, Parangon, 2007.

Furet F., *Le Passé d'une illusion*, Paris, Laffont/Calmann-Lévy, 1995.

Goldhagen D. J., *Les Bourreaux volontaires de Hitler*, Paris, Seuil, 1997.

Habermas J., *Profils philosophiques, L'idéalisme allemand et ses penseurs juifs*, Paris, Gallimard, 1974.

Heidegger M., *De l'auto-affirmation de l'université allemande*, Paris, TER, 1933.

Heidegger M., *Essais et conférences*, Paris, Gallimard, coll. « Tel 52 », 1958.

Heidegger M., *Être et temps*, Paris, Gallimard, 1977.

Heidegger M., *Introduction à la métaphysique*, Paris, Gallimard, coll. « Tel », 1967.

Heidegger M., *Lettre sur l'humanisme*, Paris, Aubier, 1964/1983.

Heidegger M., *Ma chère petite âme. Lettres de M. Heidegger à sa femme Elfride, 1915-1970*, Paris, Seuil, 2007.

Heidegger M., cf. *Le Bulletin heideggérien de l'UCL*. Centre d'études phénoménologiques de l'Université catholique de Louvain (dir. Mme Danielle Lories) et Centre d'herméneutique phénoménologique de l'Université Paris-Sorbonne (dir. MM. Claude Romano, Jean-Claude Gens et Michael Foessel).

Hildebrand K., *Le Troisième Reich,* München, New York, London, Paris, K. G. Saur, 1985.

Hillgruber A., *Zweierlei Untergang (La destruction du Reich allemand et la fin du judaïsme européen),* Berlin, Siedler, coll. « Corso », 1986.

Horkheimer M., Adorno T.W., *La dialectique de la raison,* Paris, Gallimard, coll. « Tel », 1974.

Husson E., *Comprendre Hitler et la Shoah,* Paris, PUF, 2000.

Jäckel E., *Hitler idéologue,* Paris, Gallimard, 1995.

Jaspers K., *La Culpabilité allemande,* Paris, Minuit, 1947, 1990.

Kershaw I., *Qu'est-ce que le nazisme ?,* Paris, Gallimard, 1992.

Kershaw I., *Le Mythe Hitler,* Paris, Flammarion, 2006.

Kershaw I., *L'opinion allemande sous le nazisme,* Paris, CNRS, 2010.

Leon E., « Le nazisme : "Controverses et interprétations" » ; accessible sur http://www.google.com/search?q=cache:cLvMUuEnYAMJ:www.phdn.org/histgen/nazisme/leon2001/introduction.html+Analyses+du+nazisme&hl=fr&ct=clnk&cd=10&gl=be&lr=lang_fr&ie=UTF-8.

Marcuse H. *L'homme unidimensionnel,* Paris, Minuit, 1968 ; Boston, Beacon Press, 1964.

Merleau-Ponty M., *Humanisme et terreur,* Paris, Gallimard, Idées, 1947.

Merlio G. *Le début de la fin ? Penser la décadence avec Oswald Spengler,* Paris, PUF, 2019.

Mitscherlich A. et M., *Le Deuil impossible, les fondements du comportement collectif,* Munich, Piper Verlag, 1967 ; Paris, Payot, 1972.

Mommsen H., *Le nazisme et la société allemande. Dix essais d'histoire sociale et politique,* Paris, Maison des sciences de l'homme, 1997.

Mosse G., *De la Grande guerre au totalitarisme,* Paris, Pluriel, Hachette, 1999.

Mosse G., *Les racines intellectuelles du Troisième Reich,* Paris, Calmann-Lévy, 2006.

Neumann, F., *Béhémoth. Structure et pratique du national-socialisme,* Paris, Payot, 1987 (écrit en fait au début de la guerre par un exilé de l'École de Francfort… et traduit seulement en 1987).

Nolte E., *La guerre civile européenne, 1917-1945. National-socialisme et bolchevisme*, Paris, Syrtes, 2000.

Nolte E., *Les fondements historiques du national-socialisme*, Paris, Agora, coll. « Pocket », 2002.

Osborne W., *Ernst Nolte and Holocaust Revisionism* ; accessible sur http://www.uvm.edu/~hag/histreview/vol6/weber.html

Rabinovitch G., *De la destructivité humaine*, Paris, PUF, 2009.

Reich W., *La Psychologie de masse du fascisme*, Paris, Payot, 2001.

Schmitt C., *La Notion du politique*, Paris, Flammarion, coll. « Champs », 1992.

Semprun J., « Mal et Modernité : le travail de l'histoire », *XIIe Conférence Marc Bloch*, 19 juin 1990. Accessible sur https://www.ehess.fr/sites/default/files/pagedebase/fichiers/jorge_semprun.pdf

Sévillia J., « Faut-il brûler E. Nolte ? », Paris, *Figaro* du 11/04/2008.

Steinacher G., *Les nazis en fuite*, Paris, Tempus, n° 724, 2018.

Vincent M.-B., *La dénazification*, Paris, Tempus, n° 209, 2008.

Wieviorka A., « Les lois genrées de la guerre. À propos des femmes dans les procès de nazisme. », Paris, *Clio*, n° 39.

Annexes

Liste non exhaustive des philosophes ayant participé de près ou de loin au nazisme

Alfred Baeumler, Université de Berlin, directeur de l'Institut pour l'éducation politique. Adjoint de Rosenberg.

Ernst Bergmann, Université de Leipzig.

Max Hildebert Boehm, Université d'Iéna.

Ludwig Clauss, élève de Husserl, psychologue. Au service de Himmler.

August Faust, Université de Breslau.

Eugen Fischer, Recteur de l'Université de Berlin.

Hans Alfred Grunsky, éditeur en chef des Services de Rosenberg pour la philosophie.

Hans Hagemeyer, Bureau de l'information philosophique de Rosenberg.

Otto Höfler, Université de Munich.

Ernest Krieck, Université de Heidelberg.

Erich Rothacker, Université de Bonn.

Falk Ruttke, docteur en philosophie du droit, rédacteur des Lois de Nuremberg.

Christoph Steding, Walter Schulze-Sölde, Université d'Innsbruck.

Max Wundt, Université de Tübingen, spécialiste du judaïsme en philosophie.

Liste non exhaustive des théologiens acquis au nazisme

ADOLPH BERTRAM (1859-1945), Université de Giessen.

WILHELM BRACHMANN (1900-1989), Université de Halle, membre du commissariat de Rosenberg.

HEINZ ERICH EISENHUTH (1903-1983), Université d'Iena.

WERNER GRUEHN (1887-1961), Université de Berlin.

WALTER GRUNDMANN (1906-1976), Université d'Iena.

JOHANNES HECKEL (1889-1963), Université de Munich.

EMMANUEL HIRSCH (1888-1972), Université de Göttingen.

GERHRARD KITTEL (1888-1948), Université de Tübingen.

WILHELM KOEPP (1885-1965), Université de Greifswald.

JOHANNES LEIPOLDT (1880-1965), Université de Leipzig.

WOLF MEYER-ERLACH (1891-1982), Université d'Iena.

THEODOR ODENSWALD (1889-1970), Université de Heidelberg.

THEODOR PAULS (1885-1962), Académie pédagogique d'Erfurt.

ERICH VOGELSANG (1904-?), Université de Tübingen.

ADOLF WENDEL (1900-?), Université de Breslau.

Liste non exhaustive des « spécialistes » nazis de la question juive

FRIEDRICH CORNELIUS, Université de Francfort ; au service de l'Institut de Rosenberg.

ALEXANDER CUZA, spécialiste de la situation des Juifs en Roumanie.

EUGEN ENGLEHARDT, garantit l'authenticité des *Protocoles des Sages de Sion.*

JULIUS EVOLA, spécialiste de la conception fasciste de la race.

HERMANN FEHST, spécialiste des relations entre sionisme et bolchevisme.

Richard Fester, Université de Munich ; historien défenseur de la thèse du judaïsme, cause de la décadence des peuples.

Eugen Fischer, Université de Berlin, anthropologue, spécialiste de la race hébraïque et de l'eugénisme.

Walter Gross, Université de Berlin, au service de Rosenberg, partisan d'une politique raciale pour élimine la question juive.

Hans F. K. Günther, Université de Fribourg, au service de Rosenberg, organisateur de la solution finale à Prague.

Erling Hallas, partisan d'une solution au problème au Danemark.

Clemens Hoberg, correspondant de *Das Reich*, spécialiste de l'antisémitisme en France.

Franz Hoch, Université de Berlin.

Walter Jantzen, fonctionnaire de Goebbels.

Karl Kuhn, Université de Tübingen, spécialiste de l'histoire des Juifs dans l'antiquité.

Karl Christian von Loesch, Université de Berlin, ethnologue.

Johann von Leers, Université d'Iena, historien rattaché au ministère des Affaires étrangères, spécialiste des Juifs en URSS.

Ettore Martinoli, Centre de recherche italien sur la question juive.

Reinhart Maurach, Université de Königsberg, spécialisé dans le problème Juif en Russie.

Karl Metzger, École de technologie de Dresde, spécialisé en politique raciale.

Herbert Meyer, Université de Berlin ; spécialisé dans le droit.

Wolf Meyer-Christian, journaliste et spécialiste du judaïsme en Angleterre.

Theodor Mollison, Institut d'anatomie de Heidelberg, anthropologue, chercheur en sciences raciales.

Wilhelm Mühlmann, Université de Berlin, ethnologue.

Hugo Odeberg, Université de Lund, spécialistes des relations entre christianisme et judaïsme.

Otto Paul, Directeur de l'Institut de recherche sur la question juive de Rosenberg, philologue et connaisseur de la langue iranienne.

Karl Heinz Pfeffer, Université de Berlin, sociologue, spécialiste de l'influence du judaïsme sur la politique.

Kleo Pleyer, Université d'Innsbrück, historien, spécialiste du rapport entre le judaïsme et le capitalisme.

Johannes Pohl, Institut de recherche sur la question juive de Rosenberg, archiviste et pilleur de bibliothèques juives.

Giovanni Preziosi, journaliste au *Völkischer Beobachter*, spécialiste de l'Internationale juive.

Alfred Pudelko, fonctionnaire à l'Institut de recherche sur la question juive de Rosenberg, éducateur, spécialiste de la question des races.

Bolko Richthofen, Université de Königsberg, préhistorien, spécialiste des relations entre judaïsme et bolchevisme.

Joseph Roth, journaliste, spécialiste des relations entre Juifs et chrétien.

Gueydan Roussel, spécialiste de la question de l'émancipation des Juifs en France.

Klaus Schickert, éditeur de l'Institut de recherche sur la question juive de Rosenberg.

Friedrich Schönemann, Université de Berlin, professeur de civilisation nord-américaine, spécialiste du judaïsme aux États-Unis.

Walter Schultze, Université de Munich, chargé de la Sécurité.

Horst Seemann, éditeur, spécialiste du judaïsme dans la Presse soviétique.

Hermann Erich Seifert, reporter, spécialiste des Juifs aux États-Unis.

Ernst Seraphim, spécialiste des Juifs dans la Russie de Nicolas II.

Peter-Heinz Seraphim, Université de Greisfald ; économiste, spécialiste du judaïsme dans les pays de l'Est et aux États-Unis.

Josef Sommerfeldt, doctorat sur les Juifs ; spécialiste des Juifs en Pologne.

Wilhelm Stapel, auteur d'essais sur les Juifs ; spécialiste des relations entre Juifs et chrétiens.

Johannes Stark, physicien et prix Nobel, spécialiste en « physique juive ».

Eberhard Taubert, brillant juriste et propagandiste, au point de se trouver une nouvelle carrière dans la droite allemande d'après-guerre ; homme de Goebbels et responsable de la propagande contre les opposants politiques.

Richard Thurnwald, Université de Berlin, ethnologue, assyriologue, égyptologue.

Curt Tiltack, spécialiste de Paul de Lagarde.

Gehrard Utikal, essayiste, spécialiste des rituels juifs, employé de Rosenberg, profondément impliqué dans le vol d'objets d'art.

Erhard Wetzel, juriste, expert racial du ministère de Rosenberg.

Karl Friedrich Wiebe, Institut de recherche sur la question juive de Rosenberg, spécialiste de la question juive en Allemagne.

Guenther Wirsing, journaliste, Institut de recherche sur la question juive de Rosenberg.

Wilhelm Ziegler, Université de Berlin, professeur, journaliste, spécialiste de l'histoire de la question juive.

Fritz Zschaeck, journaliste du *Weltkampf*.

Liste non exhaustive des scientifiques, médecins, chimistes, eugénistes qui ont participé à des expériences sur des humains

Sources : Max Weinreich, *Hitler et les professeurs*, Paris, Les Belles Lettres, 2013 ; Bruno Halioua, *Le procès des médecins de Nuremberg*, Toulouse, Érès, 2017 ; Benno Müller-Hill, « Genetics of susceptibility to tuberculosis: Mengele's experiments in Auschwitz ». *Nature Reviews. Genetics.* 2 (8) : 631–4, London, Cross-Journal.

Le Comité du Reich, chargé de l'euthanasie des enfants de schizophrènes-asociaux comportait, selon les chiffres de B. Haliouna publiés dans *Le procès des médecins de Nuremberg*, cinquante-six membres.

Trois cent cinquante médecins (certainement davantage, mais le programme d'« euthanasie » était secret et la connaissance des faits par les Alliés parcellaire) ont été impliqués dans des crimes sur des personnes. Un médecin homme sur deux est inscrit de 1925 à 1945 au NSDAP et parmi les médecins issus de l'université, quatre-vingts pourcents.

Wolfgang Able, est membre de l'Institut de biologie raciale de la *Deutsche Hochschule für Politik*. Il consacre ses travaux de génétique travaux génétiques aux visages et à la forme de la tête. Il est chargé de découvrir l'hérédité juive.

Philipp Bouhler, *Reichsleiter*, médecin *SS* et directeur de la chancellerie du Führer. Il dirige le programme d'euthanasie *T4*. Arrêté avec Goering par les troupes américaines en 1945, il se suicide.

Bruno Beger (+2009), anthropologue de l'Université de Strasbourg. Il est intéressé par l'étude des squelettes et « sélectionneur » de cobayes. Il est condamné à trois ans de prison avec sursis.

August Becker (+1967), chimiste, officier *SS* et spécialiste dans l'emploi des gaz dans *l'Aktion T4*. Il est condamné à dix ans de prison, réduits pour maladie.

Hermann Becker-Freyseng (+ 1961), chercheur qui participe aux expériences sur l'eau potable. Il est accusé au procès des médecins et condamné à dix ans de prison. Après une captivité réduite, il part aux États-Unis.

Wilhelm Beiglböck (+1963), spécialiste en médecine interne, il expérimente sur l'eau potable à Dachau. Jugé coupable, il est condamné à cinq ans de prison.

Kurt Blome (+1969), dermatologue et spécialiste en armes chimiques. Il expérimente sur les détenus l'effet de gaz neurotoxiques. Sur base de ses compétences, il est acquitté et collabore avec les services américains.

Viktor Brack (+ 1945), second de Bouhler pour *l'Aktion Reinhard* qui englobe l'*Aktion T4*. Il appartient à la *SS*, et spécialiste des expériences sur les stérilisations. Il est jugé coupable et exécuté par pendaison.

Karl Brandt (+1945), médecin personnel de Hitler, *Reichsleiter SS*. Associé à Bouhler, il participe au programme d'euthanasie *T4*. Il est jugé coupable et exécuté.

Rudolf Brandt (+1945), conseiller administratif de Himmler et colonel *SS*. Il est accusé au procès des médecins pour ses recherches sur l'hypothermie, le typhus et les stérilisations. Il est jugé coupable et exécuté.

Engelhardt Bühler (+ ?), Institut de biologie et d'hygiène raciale. Expert dans la transmission héréditaire des traits du visage, spécialiste des groupes sanguins et formateur de médecins *SS*.

Heinrich Bütefisch (+1969), directeur d'IG Farben. Il est condamné à six ans dans le procès de l'I.G. Farben.

Carl Clauberg (+1957), médecin-chef, gynécologue. Il pratique des méthodes de stérilisation des hommes ou des femmes par ablations, par rayons ou par injection dans l'utérus de produits nocifs. Sur ce terrain, il est en compétition avec Horst Schumann. Il pratique également des expériences sur les Tziganes à Auschwitz. Condamné par les Russes à vingt-cinq ans de détention, il est relâché en 1955 et meurt avant son second procès à Kiel.

Leonardo Conti (+1945), médecin, promoteur de la doctrine nazie dans le milieu médical. En 1944, il est promu *Obergrüppenfuhrer* dans la *SS*. Co-responsable de *l'Aktion* T4, de la stérilisation forcée et des_expériences sur le typhus. Avant son procès, il se pend dans sa cellule.

Erwin Ding-Schüler (+1945), chirurgien et fondateur de l'Institut d'hygiène de la *Waffen-SS*. Il est l'auteur d'expérimentations sur les détenus de Buchenwald. Il finit par se suicider.

Irmfried Eberl (+1948), médecin et premier commandant de Treblinka. Il participe à *l'Aktion T4*, parvient à fuir, ce qui explique qu'il n'est arrêté que tardivement. Il se suicide avant l'action judiciaire.

Hans Eppinger (+1946), médecin qui joue un rôle important à Dachau dans les expériences sur l'absoption de l'eau de mer. Il se suicide pour échapper au procès de Nuremberg.

Hans Freyer (+1969), sociologue nazi, partisan d'un État autoritaire. Il est un des inspirateurs de l'historien Nolte.

Eugen Fischer (+1967), Recteur de l'Université de Berlin ; anthropologue, spécialiste de la race hébraïque et de l'eugénisme. Un des personnages de premier plan. Il est un grand admirateur des Lois de Nuremberg. Responsable de l'initiation scientifique des médecins *SS* et grand partisan de la stérilisation forcée, il échappe à tout procès en raison de sa réputation.

Karl Gebhardt (+1948), médecin de Himmler et de Heydrich, professeur à la faculté de médecine de Berlin, et chirurgien prestigieux.

Il est accusé lors du procès des médecins pour avoir entrepris des expériences sur l'hypothermie et sur la stérilisation. Jugé coupable de crime contre l'humanité, il est exécuté à la prison de Landsberg le 2 juin 1948.

Karl Genzken (+1957), généraliste de la *SS*. Il a pratiqué des expériences sur les détenus de Buchenwald et de Natzweiler. Accusé du procès des médecins, il est condamné à la prison à vie, puis à vingt ans de réclusion, finalement libéré en 1954.

Hans Boddo Gorgass (+1993), psychiatre, expert 14f13, médecin des centres de gazage de Hartheim et Hadamar. Directeur de l'Institut d'Euthanasie NS Hadamar où au moins 14 494 handicapés mentaux, « demi-juifs » et « ouvriers orientaux » furent tués. Inculpé lors du procès de Hadamar en 1947, il est condamné à quinze ans d'emprisonnement, mais relâché en 1958. Il est alors engagé dans une entreprise pharmaceutique.

Ernst Grawitz (+1945), médecin, président de la Croix Rouge Allemande. Il fait partie du Service de santé *SS*. Il est un des principaux responsables des recherches médicales. Il tue toute sa famille et se suicide à la grenade.

Heinrich Gross (+2005), Directeur du Bureau de politique raciale de la NSDAP, psychiatre, a pratiqué des expériences sur des enfants ayant des déficiences mentales et a fait conserver leur cerveau à Vienne. Il a continué ses expériences après-guerre et a touché une pension du gouvernement autrichien !!! Il a été nommé à la tête de l'Hôpital de Spiegelgrund. À son compte, il faut compter sept cents enfants éliminés par la faim, le froid et les médicaments. Il fut protégé par les autorités autrichiennes.

J. Halleworden (+1965), histologue du *Kaiser Wilhelm Institut* de Berlin, spécialiste dans la recherche du cerveau (des futurs condamnés avant et après leur décès).

Siegfried Handloser (+1954), bactériologiste, chef de service de santé de la *Waffen-SS*. Il est accusé au procès des médecins, condamné à la prison à vie pour crime contre l'humanité, mais libéré en 1954.

Hans Hefelmann (+1986), principal collaborateur de Brack à la Communauté de travail du Reich pour les établissements thérapeutiques et hospitaliers (RAG). Il était impliqué dans l'Opération *T4* et dans l'euthanasie des enfants. Il échappe aux poursuites.

Werner Heyde (+1961), brillant psychiatre au service de Himmler, chef de l'Opération *T4*, il participe à élimination des communistes, des malades, des vieux… au monoxyde de carbone avec collaboration de Nitsche. Il sévit à Buchenwald, Dachau, Sachsenhausen. Inculpé longtemps après la guerre, il se suicide.

August Hirt (+1945), médecin-chef *SS*, anatomiste, devenu célèbre pour sa collection de crânes et de tissus humains conservés dans une petite salle interdite de la faculté de médecine de l'Université de Strasbourg où il enseignait. Il était membre de l'*Ahnenerbee* et expérimentait sur des détenus qui étaient ensuite gazés. Il se suicide avant d'être arrêté.

Waldemar Hoven (+1948), généraliste, médecin-chef à Buchenwald. Il figure parmi les accusés du procès des médecins et exécuté.

Helmutt Kallmeyer (+2006), chimiste et collaborateur à l'Opération *T4*. Il devint après la guerre fonctionnaire de l'ONU.

Fritz Klein (+1945), médecin au sein des camps de concentration d'Auschwitz, de Neuengamme et de Bergen-Belsen. Il expérimenta des injections de pétrole sur les détenus et fut sélectionneur des déportés pour les vouer à la chambre à gaz. Il fut condamné à mort par pendaison.

Heinrich Kliewe (+1969), bactériologue et spécialiste de la guerre biologique. Il termine sa carrière comme professeur à l'Université de Mayence.

Alfred R. Kuhn (+1967), zoologiste et directeur de recherche médicale de Heidelberg. Très éloigné des questions politiques, il obtient après la guerre la chaire de zoologie à l'Université de Tübingen.

Fritz Lenz (+1976), médecin et spécialiste en anthropologie. En outre, il est considéré comme spécialiste des régions de l'Est. En 1940, il a prétendu que l'euthanasie était une question d'humanité. Il fut sauvé par sa réputation et devint professeur de génétique à l'Université de Göttingen.

Franz Lucas (+1994), médecin à Auschwitz, à Mauthausen en 1944 et à Stutthof en 1944. Il se suicide en 1945.

Josef Mengele (+1979), médecin. Il manifeste un intérêt poussé pour l'étude des jumeaux. Il se signale dans le rôle de sélectionneur sur la rampe d'Auschwitz. Il parvient à fuir et échappe aux poursuites en se réfugiant en Amérique du Sud.

Friedrich Mennecke (+1947), psychiatre pour l'Opération *T4* et l'*Aktion 14f13*. Ses lettres à sa femme révèlent les détails de cette opération. Sa carrière médicale est liée à son activité politique, ses nominations en attestent : en août 1937, il est représentant du district de politique raciale du parti nazi pour le canton de Sankt Goarhausen (Rhénanie), et à la fin de l'année, il est assistant du médecin-chef *de la région ouest du Rhin à Wiesbaden* ; le 20 avril 1939, il est nommé *SS Hauptsturmführer*. Il se livre à la liquidation d'enfants aliénés, inaptes ou tout simplement Juifs. Il meurt en prison.

Joachim Mrugowsky (+1948), bactériologiste, et directeur de l'Institut d'hygiène de la Waffen-*SS*. Il a entrepris sur des détenus des expériences sur l'eau potable. Condamné à mort au procès des médecins et exécuté.

Paul Nitzsche (+1948), psychiatre, premier expert pour l'Opération euthanasie des « psychopathes ». Il entreprend des études sur l'usage du monoxyde de carbone. Il est exécuté.

Herta Oberheuser (+1978), dermatologue et spécialisée dans les maladies sexuellement transmissibles ; médecin à Ravensbrück et à Dachau. Accusée au procès des médecins. Finalement condamnée à cinq ans de réclusion. Après-guerre, elle reprend des activités liées à la médecine.

Helmut Poppendick (+1994), généticien de la *SS*. Il est accusé au procès des médecins pour les expérimentations sur des détenus. Il est libéré en 1951.

Adolf Pokorny (?), dermatologue et spécialiste des stérilisations. Il est acquitté.

Sigmund Rascher (1909-1945), médecin et protégé de Himmler. Il est à l'origine d'expérimentations sur la résistance au froid et aux hautes altitudes. Il est condamné par la *SS* pour fraude et meurtre de son assistant et est exécuté en 1945.

Robert Ritter (+1951), Université de Tübingen ; psychologue pour enfants, mais chargé de l'étude du patrimoine héréditaire des Tziganes qu'il prétend être des métis. Il est directeur du Centre de Recherche sur l'hygiène raciale et la biologie démographique du Ministère de la Santé. Il enquête sur les Tziganes pour les stériliser. Il finit par se suicider.

Hans Wolfgang Romberg (+1981), chercheur. Il fait partie des accusés du procès des médecins et est acquitté. Il reprend sa carrière.

Gerhard Rose (+1992, bactériologiste), prestigieux spécialiste en maladies infectieuses ; il est accusé au procès des médecins pour expériences sur le typhus. Il a infecté mille deux cents prisonniers, tout en prétendant lors de son procès avoir travaillé pour l'humanité. Il est libéré en 1955.

Paul Rostock (+1956), médecin. Il diffuse une épidémie de typhus au camp de concentration de Natzweiler-Struthof et fait des expériences sur l'eau potable ; accusé au procès des médecins, il est acquitté et libéré en 1947.

Ernst Rüdin (+1952), psychiatre. Il se prononce pour la stérilisation des asociaux et dirige l'Institut de psychiatrie de Munich. Il est élevé au grade de représentant de Hitler à la Société pour l'hygiène de la race. Il émigre aux États-Unis.

Siegfried Ruff (+1989), chercheur. Il est accusé au procès des médecins et acquitté. Il poursuit sa carrière dans la médecine aérospatiale à l'Université de Bonn.

Konrad Schaefer (?), chercheur. Il poursuit des expériences sur l'eau potable. Accusé au procès des médecins, il est acquitté et poursuit ses recherches pour les États-Unis.

Carl Schneider (+1946), chef du bureau de politique raciale à Heidelberg. Il participe à l'Opération *T4*. Il professe à Heidelberg et poursuit des recherches sur les cerveaux des euthanasiés. Il se suicide en prison avant son procès.

Oskar Schroeder (+1959), bactériologiste. Il est accusé pour les expériences sur l'hypothermie et sur l'eau potable. Déclaré coupable, il est condamné à quinze ans de réclusion, mais décède avant la fin de sa réclusion.

Claus Karl Schilling (+1946), médecin. Il est condamné au procès de Dachau pour ses expériences sur le paludisme et pour avoir tué des détenus en expérimentant les germes de a malaria. Il est exécuté par pendaison.

Bruno K. Schultz (+1997), anthropologue et directeur du bureau racial. Il est chargé de la sélection des individus récupérables en fonction de leur race.

Horst Schumann (+1983), est un médecin *SS*, directeur de centre d'extermination dans le cadre de l'*Aktion T4*. Il est condamné à sept ans de prison, mais relâché pour question de santé.

Wolfram Sievers (+1948). Il est exécuté pour ses expériences sur l'hypothermie destinée à trouver les moyens de sauver les aviateurs allemands tombés en mer.

Alfred Trzebinski (+1946), médecin *SS*. Auteur d'injections mortelles sur des enfants juifs, il est condamné à mort et exécuté.

August Weltz (+1963), radiologue. Il est accusé au procès des médecins pour avoir organisé les expériences sur des cobayes humains afin d'examiner leurs réactions physiologiques à de hautes altitudes jusqu'à leur décès. Acquitté, il poursuit sa carrière à l'Université de Munich.

Hilde Wernicke (+1947), Hôpital Meseritz-Obrawalde de Berlin ; elle est responsable de plusieurs centaines d'assassinats d'enfants par injection létale. Elle est condamnée à mort par la Cour suprême de Berlin et exécutée.

Eduard Wirths (+1945), médecin-chef d'Auschwitz et responsable de tous les médecins eugénistes. Il se suicide.

Otmar von Verschuer (+1969), Université de Francfort, directeur de l'Institut de biologie et d'hygiène raciale et supérieur de Mengele. Couvert par son autorité de généticien et par les autorités américaines, il ne fut guère inquiété. Après la guerre, il dirige l'Institut de génétique de l'Université de Münster.

Gehrard Wagner (+1939), Führer des médecins du Reich, il joue un rôle important dans la politique de stérilisation et d'euthanasie. Il est nommé commandant du camp de Sobibor et participe à l'élaboration des Lois de Nuremberg.

Adolf Wahlmann(+1956), assistant de Hans Bodo Gorgass. Il participe au programme d'euthanasie au centre de massacre de Hadamar. Condamné à la réclusion à vie, il sort de prison en 1955.

Albert Wildmann (+1986), chimiste et collaborateur à *l'Aktion T4*. Il effectue six ans et six mois de prison.

Quelques chiffres marquants

Loi sur la stérilisation : 1932.

Rythme des stérilisations durant les années 1934-1935 : Entre 60 000 et 70 000.

Rythme des gazages de mai 1942 à octobre 1943 : Belzec : 600 000. Sobibor : 250 000. Treblinka : 900 000. Sonnestein, Bernburg, Hartheim : 15 000.

Table des matières

Dans la collection

« Histoire en Mouvement »

1. LABARRE Guy, Le Dieu Mèn et son sanctuaire à Antioche de Pisidie, 2010.
2. VAN DALEN Alice, *Henri Van der Noot,* 2010.
3. D'SOUZA Florence (dir.), *Des voyages vers l'inconnu entre 1630 et 1880,* 2016.
4. NICAISE Boris, *Le complot des Pots-De-Beurre, Des Francs-Maçons résistent à Napoléon ! Récit historique,* 2016.
5. DE SCHUTTER Xavier, *De Byzance à Florence. Sur les traces de Pléthon,* 2016.
6. MARÉCHAL Jean-Claude, *Un agent parachutiste dans l'Histoire,* 2016.
7. BURGEON Christophe, *Autour des valeurs romaines : la* fides, *la* pietas *et la* virtus *des guerres puniques à la dynastie flavienne,* 2017.
8. BURGEON Christophe, *Rome et Carthage avant les guerres puniques. Les trois premiers traités romano-carthaginois décrits par Polybe,* 2018.
9. PELLETIER Stéphane, *Une histoire de la transition démocratique en Espagne. De la fin de la dictature franquiste à l'entrée dans la CEE,* 2019.